Teacher's Guide

Konstruktives Feedback im Klassenzimmer

Paul Dix

Bibliografische Information der Deutschen Nationalbibliothek
Die Deutsche Nationalbibliothek verzeichnet diese Publikation in der Deutschen Nationalbibliografie; detaillierte bibliografische Daten sind im Internet über http://dnb.d-nb.de abrufbar.

Best.-Nr. A302830

Titelentwurf: Gerrit Hänselmann, Hallbergmoos
Titelfoto: © cs-photo – Fotolia.com
Layout und Gestaltung: Eva M. Schwoerbel Text & Form Kommunikation, Düsseldorf
ISBN 978-3-7614-2830-6

Übersetzt aus dem Englischen von Marion Labonte

Inhalt

	Über den Autor	IV
	Danksagung	V
	Vorwort	VI
Kapitel 1	**Die Gestaltung des Klassenklimas im Hinblick auf konstruktives Feedback**	**1**
Kapitel 2	**Selbstbestimmte Leistungsbeurteilung, motivierte Lernende**	**16**
Kapitel 3	**Metakognition vermitteln oder: „Wissen, dass du etwas weißt!“**	**38**
Kapitel 4	**Geeignete Vorgehensweisen für das Peer-Assessment**	**59**
Kapitel 5	**Vereinbarte Zielsetzungen**	**74**
Kapitel 6	**Das Vereinbarte Assessmentraster (VAR) von Pivotal**	**90**
Kapitel 7	**Die Handhabung aktiver Leistungsbeurteilung in der Klasse**	**104**
Kapitel 8	**Differenzierung und Personalisierung der Leistungsbeurteilung**	**115**
	Zusammenfassung	132
	Index	133

Über den Autor

Paul Dix ist, weit über die Grenzen Großbritanniens hinaus, einer der bedeutendsten Forscher auf dem Gebiet des Lernverhaltens und Assessments. Als Geschäftsführer von *Pivotal Education* betreut er mit seinem Team aus Experten für die Bereiche Verhalten, Assessment und Lernen Schulungs- und Interventionsprojekte. Im Oktober 2009 erhielt Paul Dix den *UK National Training Award for the South East*. Sein Ruf bezüglich der Entwicklung und Durchführung von Schulungen, die zu nachhaltigen Veränderungen führen, ist hervorragend.

Er unterrichtete am Homerton College in Cambridge und hat an einer Vielzahl von Schulen und Colleges Schulungen durchgeführt. Seine Arbeiten wurden von der englischen Schulaufsichtsbehörde als wesentliches Element zur Qualitätssicherung in Schulen hervorgehoben.

2001 gründete Paul Dix das Bildungsberatungsinstitut *Pivotal Education*. Als verantwortlicher Trainer hat er von der frühkindlichen Bildung bis zur Erwachsenenbildung in allen Bildungsbereichen Lehrer, Dozenten, Angestellte im Bereich der Jugendarbeit, Berater, Schüler, Mentoren und pädagogische Hilfskräfte geschult. Seine Arbeiten zu Verhalten und Assessment werden erfolgreich in der Lehrerausbildung sowie an Hoch-, Regel- und Förderschulen eingesetzt. Die Kurse *„Taking Care of Behaviour“* sowie *„Managing Extreme Behaviour“* wurden mit dem Titel *„Course of the Week“* des *Times Educational Supplement Magazine* ausgezeichnet.

Paul Dix hat im Auftrag der Regierung das *„New Deal Mentor Training Programme“* verfasst. Seine Arbeiten wurden im *ITV, Teachers' TV* und im *Times Educational Supplement* vorgestellt. Das *„Pivotal Behaviour Management Handbook“*, sein erstes Buch, wurde auf der in England führenden Website für Lehrer und pädagogische Fachkräfte, *Times Educational Supplement*, als „grandioses Werk“ bezeichnet.

Paul Dix verfasst Kolumnen für die Fachzeitschrift *Teach Primary!*, schreibt regelmäßig für das *Times Educational Supplement* und hat Beiträge im *Guardian* publiziert.

Die Arbeiten von *Pivotal* können fortlaufend im *Pivotal Behaviour Blog* unter der Adresse http://www.pivotaleducation.com/blog/ verfolgt werden. Anfragen an den Autor bezüglich einer Schulung oder eines Redebeitrags können an die E-Mail-Adresse ellie@pivotaleducation.com gesandt werden.

Danksagung

Ich möchte Joe May für die Genehmigung danken, die *Vereinbarten Assessmentraster* in diesem Buch besprechen zu dürfen. Joe und ich haben viele Jahre als Lehrer und als Trainer zusammengearbeitet. Viele Methoden, die in diesem Buch vorgestellt werden, haben wir unter zum Teil sehr schwierigen Umständen gemeinsam entwickelt.

Mein Dank gilt auch Karen Brown von der Bournville School in Birmingham. Ihre hervorragenden Materialien finden sich an zahlreichen Stellen des Buches. Sie hat uns insbesondere bei der Skizzierung, Überprüfung und Verbesserung der Abschnitte über *Geeignete Vorgehensweisen* unterstützt.

Nicht zuletzt gilt mein Dank Ellie, die während meiner vielen Stunden im Schreibbunker den Rest unseres Lebens organisierte.

Vorwort

Als Lehrer möchte ich mir neben Überlegungen bezüglich zu vermittelnder Inhalte auch Gedanken darüber machen, wie effektiv mein Unterrichten ist, welche Fertigkeiten meine Schüler erworben haben, wie gut sie Konzepte durchschauen und wie viel sie verstehen. Ich möchte diese Dinge wirklich wissen – nicht, weil ich von Statistiken besessen bin, wirklich Spaß am „Benchmarking“ habe oder eine zwanghaft statistische Bürokratie bedienen will, sondern weil es mir hilft, meine Inhalte und ihre Vermittlung zu beurteilen, zu differenzieren, zu personalisieren und zu korrigieren. Meine Reflexionen bekommen einen Sinn und ich die Möglichkeit, entsprechende Unterstützung dort anzubieten, wo sie erforderlich ist. Wenn ich das, was ich sowieso beachten muss – Lehrpläne, Leistungsstufen, Zielsetzungen, Tests etc. –, menschlich gestalten kann, kann ich an dem festhalten, was gutes Unterrichten für mich ausmacht und gleichzeitig die Bedürfnisse derjenigen befriedigen, für die ich in zunehmendem Maße verantwortlich bin.

Kapitel

1

Die Gestaltung des Klassenklimas im Hinblick auf konstruktives Feedback

„‚Ich habe selbst furchtbare Angst, dass ich falle', gab der Löwe zu. ‚Aber ich befürchte, wir müssen es trotzdem versuchen.'"

(frei übersetzt nach Frank Baum, der Zauberer von Oz)

In diesem Kapitel erfahren Sie etwas über

- die Abhängigkeit erfolgreichen Classroom-Assessments vom richtigen Klassenklima
- das geeignete physische, emotionale und zwischenmenschliche Klima für erfolgreiches Classroom-Assessment
- Ihre Vorbildfunktion als erfolgreich Lehrender und Lernender

Konstruktives Classroom-Assessment gelingt in Klassen mit sicherer, anregender Atmosphäre, in denen sich die Schüler einbringen können. Es wird geleitet von leidenschaftlichen und risikobereiten Lehrern sowie von engagierten und selbstständigen Schülern, die für ihr Lernen und ihre Beurteilung verantwortlich sind. Als stabile Basis für die Einführung neuer Strategien und Wege der Leistungsbeurteilung ist zunächst ein geeignetes Klassenklima von zentraler Bedeutung, es bildet sozusagen die Wurzeln des Assessment-Baumes. Starke Äste werden gebildet aus neuen Kompetenzen, Einstellungen und Verhaltensweisen in Bezug auf eine eigenständige Leistungsbeurteilung, metakognitive Prozesse, das Respektieren von Grenzen, Peer-Assessment, vereinbarte Zielsetzungen, Differenzierung und Personalisierung sowie aus der Handhabung aktiver Leistungsbeurteilung. Diese Prozesse werden während der Arbeit in das Klassenleben eingebettet und verbinden Denken, Lernen und Beurteilung. Die Früchte des Baumes schließlich sind die Lernenden, die fähig sind, eigenständig zu lernen, zu beurteilen, zu führen, zu hinterfragen und zu reflektieren. Es sind Lernende, die Herausforderungen zuversichtlich und ohne Angst vor Versagen begegnen. Und genau diese Fähigkeiten sind während des Reifungsprozesses der Schüler auf ihrem Weg durch Ausbildung und Beruf im Hinblick auf Erfolg entscheidend.

Eine sicheres emotionales Umfeld ist für die Effektivität der Leistungseinschätzung von wesentlicher Bedeutung. Ein Klassenklima, in dem die Stimme des Lehrers dominiert, ist kein Ort für wirklich reflektiertes Feedback. Gespräche über das Lernen können nur gedeihen, wenn das emotionale Umfeld für jeden Einzelnen genug Sicherheit bietet, ein Risiko einzugehen. Wenn das Klima und das Verhältnis zwischen Schülern und Lehrern sowie den Schülern untereinander nicht produktiv sind, wird jede von Ihnen im Dienste des Classroom-Assessments eingeführte Vorgehensweise untergraben werden. Konstruktive Leistungsbeurteilung ist nicht allein abhängig vom Prozess oder System, für das Sie sich im Umgang mit Ihren Schülern entschieden haben. Sie sollten bewusst darauf beharren, zunächst das zu beurteilen, was gelingt und erst im zweiten Schritt zu untersuchen, was nicht gelingt. Diese Methode bietet nicht nur Kindern mit geringem Selbstwertgefühl Schutz und Entwicklungsmöglichkeiten, sie stärkt auch den Glauben an sich selbst und bietet darüber hinaus der Gruppe ein nachahmenswertes Vorbild.

Die Gestaltung des richtigen Umfelds für erfolgreiches Assessment beinhaltet auch die Auseinandersetzung mit dem zwischenmenschlichen physischen und emotionalen Klima in Ihrer Klasse.

Beziehungen und Harmonie

(Dieser Abschnitt über Beziehungen und ein harmonisches Verhältnis ist dem Titel *The Essential Guide to Taking Care of Behaviour* entnommen.)

Der Aufbau einer dauerhaft professionellen Beziehung zwischen Lehrer und Schüler, die den Bedürfnissen beider gerecht wird, gleicht einem Drahtseilakt. Es ist keine Kunst, sich auf

Kosten der eigenen Würde einen Schüler zum Freund zu machen: „Nenn mich Bob." Oder auf Kosten der anderen Lehrer: „Ich mag ihn auch nicht besonders gut leiden." Oder auf Kosten des eigenen Geldbeutels: „Nimm diesen goldenen iPod als Belohnung/Geschenk/Bestechung für deine Bemühungen." Eine Beziehung, die auf einer Pseudofreundschaft beruht, funktioniert bis zu dem Moment, in dem das Vertrauen nicht mehr auf stabilen Füßen steht, in dem Frustrationen in Bezug auf das Lernen angesprochen und Abgabefristen eingehalten werden müssen. Die meisten von uns akzeptieren ihre Freunde so, wie sie sind, und versuchen nicht, ihnen Grenzen zu setzen. In einem Lernumfeld, in dem Grenzen gezogen werden müssen, verwischt Freundschaft genau diese Grenzen.

Gegenseitiges Vertrauen und gegenseitigen Respekt muss man sich verdienen, man bekommt sie nicht geschenkt. Es geht nicht darum, sich auf die Ebene der Kinder zu begeben. Sie erwarten von Ihren Schülern, dass sie bestimmte Grenzen in Bezug auf das Verhalten und den Unterricht nicht überschreiten. Dies gilt auch für die Lehrer-Schüler-Beziehung.

Die „Eltern-schauen-zu"-Technik

Diese Technik ist eine gute Methode, um zu prüfen, ob die Unterhaltung mit dem Schüler angemessen ist und Ihre Beziehung auf einer professionellen Ebene geführt wird. Stellen Sie sich, unabhängig vom aktuellen Kontext, vor, dass die Eltern des Schülers mithören. Wenn Sie Ihr eigenes Verhalten stets auf diese Weise reflektieren, können Sie eigentlich nichts falsch machen. Sie werden beginnen, Ihre emotionalen Reaktionen zu kontrollieren, wenn die Schüler Sie frustrieren, und sich eher der Grenzen bewusst sein, die die Eltern von Ihnen respektiert wissen wollen.

Manche Schüler verstehen die Notwendigkeit dieser Grenzen nicht, manche möchten Sie nur herausfordern, während andere vorsätzlich versuchen, die Grenze zu überschreiten und sich anhand der gewonnenen Informationen einen Vorteil zu verschaffen. Wenn Sie zu viel von Ihrem Privatleben und Ihren sozialen Kontakten preisgeben, steigen Sie vielleicht in der Beliebtheitsskala – vielleicht um den Preis, falsch interpretiert und widergegeben zu werden. In einer sehr prozessfreudigen Gesellschaft, in der Eltern dem Schutz ihres Kindes höchste Priorität zuweisen, werden Sie nicht das Risiko eingehen wollen, missverstanden zu werden.

Für manche Schüler werden Sie die Grenzen und Erwartungen sehr genau definieren müssen. Dies ist insbesondere auf Klassenfahrten und Ausflügen von Bedeutung, wo Sie mehr von Ihrem Privatleben preisgeben und Erwartungen sich möglicherweise ändern. Im Internet, wo häufig privat kommuniziert wird, müssen diese Grenzen sogar noch konsequenter eingehalten werden. MySpace, SchülerVZ und Facebook sollten jeweils einen Raum für Freunde und nicht für Lehrer und ihre Schüler bieten.

Der Aufbau einer vertrauensvollen Beziehung zu den Schülern ist nicht nur eine Hauptaufgabe des Lehrers, sondern die Grundlage für ein funktionierendes Klassenklima. Erfahrene

Lehrer wissen, dass der Schlüssel zum Erfolg darin liegt, freundlich, aber nicht befreundet zu sein, ehrlich zu sein, ohne das Privatleben offenzulegen, und offen, aber nicht durchschaubar zu sein.

Das emotionale Klima

Als Vorbild haben Sie großen Einfluss auf das Verhalten und die Einstellung der von Ihnen unterrichteten Schüler. Die Aussage: „Setzt euch, seid leise und beurteilt euch gegenseitig" wird wahrscheinlich nicht zu einem produktiven Beurteilungsgespräch führen. Ebensowenig wie der Satz: „Daniel, nimm dir doch Claires Arbeit zur Bewertung vor und versuch dabei zu vergessen, dass sie dich gestern mit dem Zirkel gestochen hat."

Es beginnt bei Ihrem eigenen Verhalten. Sie bereiten den Boden für das Klassenklima in Bezug auf Lernen und Verhalten.

In manchen Klassen ist Misserfolg gleichbedeutend mit Angst und Scham, in anderen werden Misserfolge als selbstverständlicher Teil des Lernens angesehen. In manchen Klassen werden Schüler für ihre Fehler ausgelacht, in anderen ist der Umgang mit Lösungsversuchen sowie Misserfolgen versöhnlicher. In manchen Klassen wird von Menschen erwartet, dass sie perfekt sind, in anderen wird Fehlbarkeit akzeptiert.

Assessment hat eine emotionale Wirkung. Das Beurteilen ist einfach; die Kunst ist es, alle Beteiligten in den Beurteilungsprozess einzubinden, sodass sie gewillt sind, Kritik anzunehmen, zielgerichtet zu agieren und sich ohne Angst oder Scham am Reflexionsprozess zu beteiligen. Es bedeutet, eine Klasse zu gestalten, in der die Schüler teilhaben, mitwirken und einen Grund sehen, sich zu engagieren, und dadurch ein Klassenklima zu schaffen, in dem Diskussionen nicht von Wettbewerb, Neid, Zurückweisung oder Rache für kleinere Vergehen gefärbt sind. All das ist möglich. Aber es braucht Zeit, Mühen, klare Grenzen und ein gutes Vorbild.

Das Vorbild: Der Lehrer als Lernender

In Australien wurde vor einiger Zeit eine Werbekampagne geschaltet, die Eltern zeigte, die rauchten, mit anderen Autofahrern diskutierten, Abfall achtlos wegwarfen usw., während ihre Kinder, die sie im Schlepptau hatten, ihr Verhalten kopierten. Die Botschaft ist so einfach wie schonungslos: „Kinder sehen, Kinder imitieren." In einer Klasse beeinflussen viele Faktoren das Lernen und Verhalten der Schüler. Wenn wir schon akzeptieren, dass unser Verhalten direkte Auswirkungen auf das Verhalten der Menschen um uns herum hat, dann ist es vielleicht an der Zeit, diesen Gedanken auf das Lehren und Lernen zu übertragen.

Die effektivste Vorbildfunktion des Lehrers ist eine, die nur selten gezeigt wird: die Rolle des Lernenden. Lehrer sind erfolgreiche Lernende, sie sind im Bereich des Lernens Risiken eingegangen, haben Phasen intensiven Studiums hinter sich gebracht, stressbehaftete Prüfungen absolviert und außerdem Erfolge, Misserfolge und Rückschläge erlebt. Die Belastbarkeit von

Lehrern als Lernende hat eine Vorbildfunktion, der es nachzueifern gilt. Lehrer wissen, wie sie Erfolg haben können, auch wenn die entsprechende Aufgabe gerade nicht zu ihren Lieblingsbeschäftigungen gehört. Trotzdem: Wie viele von uns lernen vor oder mit der Klasse etwas Neues? Wann zeigen wir unsere Fähigkeiten als selbstbestimmt Lernende? Wie demonstrieren wir die konkrete Anwendung von Zielsetzungen, reflektierter Selbsteinschätzung, Handlungsplanung usw.? Wie oft führen wir offene und ehrliche Diskussionen über den Lernprozess unter Berücksichtigung gerade der Aspekte unseres eigenen Lernens, mit denen wir immer noch hadern? Wenn Ihre Schüler Sie ausschließlich erfolgreich erleben, als jemanden, der immer Recht hat und immer die Antwort weiß, ist dieses Vorbild für sie unrealistisch. Wenn wir in Bezug auf Misserfolge nicht ehrlich sind, etablieren wir unter Umständen unwissentlich ein Vorbild, das unsere Schüler nicht verstehen können. Manche von ihnen erleben möglicherweise täglich Misserfolge und bauen dann vielleicht die Angst auf, damit allein zu sein.

Perfektion zu erwarten führt zu Überforderung. Ich möchte, dass meine Schüler sehen, wie ich mich abmühe, etwas zu lernen, dass sie sehen, wie eine Aufgabe mich frustriert. Ich möchte, dass sie mir bei der Dokumentation des Gelernten helfen und mit mir über meine nächsten Schritte nachdenken. Dieses Verhalten zeigt mich als Lernenden und erzeugt ein Gefühl von Gleichheit, es entmystifiziert darüber hinaus die Kompetenzen und Schritte höherer Denkprozesse, des Lernens und der Belastbarkeit.

Guter Tipp

Bringen Sie Lernlandkarten oder Lernreisebilder an der Wand an, auf denen die Schüler ihre eigene sowie die Arbeit der anderen täglich ergänzen und damit bestätigen können. Bei jüngeren Kindern können Sie Bäume mit goldenen Blättern gestalten und am Ende jedes Tages eine „Blätterzeremonie" durchführen, bei der Sie auch Blätter für das Peer-Assessment verwenden. Bei älteren Schülern empfiehlt sich der Einsatz von Straßenkarten unter Gebrauch von Routenplanern, um den Überblick über Noten oder Kompetenzstufen zu behalten – jede neue Stufe beinhaltet dabei auch neue Ziele.

Das konstruktive emotionale Klima

Wenn Leistungsbeurteilung zu Motivation, Ansporn, Interesse und Engagement führen soll, muss dieser Vorgang in erster Linie das in den Mittelpunkt rücken, was richtig ist, gut gemacht wurde und erfolgreich war. Eine Beurteilung, die hauptsächlich Fehlerhaftes aufzeigt, wirkt demotivierend, schwächt das Selbstvertrauen und bringt den Schülern darüber hinaus bei, vor allem über Misserfolge nachzudenken. All diese Lektionen schleppen sie schnell für den Rest ihres Lebens mit sich herum.

Es ist sicher leichter, schneller und weniger aufwändig, Negatives zu identifizieren und zu vermeiden. Effektives Unterrichten aber beruht selten auf schnellen und direkten Abkürzungen. Bei Schülern mit schwierigen Schulkarrieren, die damit aufgewachsen sind, bei Beurteilungen zu scheitern, ohne jemals genau zu verstehen, weshalb, hat die ständige Suche nach

Fehlern langfristige Wirkung. Nur wenige Menschen gedeihen in einem Umfeld, in dem in Beurteilungsgesprächen Fehler im Zentrum stehen. Viele können gar nicht anders, als auch bei anderen danach zu suchen. Die langfristigen Folgen sind überall in der Erwachsenenwelt greifbar. Emotional intelligentes Assessment hingegen beinhaltet die unermüdliche Suche nach dem Glas, das halb voll ist.

Dabei genügen schon einfache Rituale, um positive Bestärkung in diesem Prozess zu verankern, selbst die kritischsten Schüler zu Reflexionen über die positiven Aspekte des Peer-Assessment anzuregen und darüber hinaus innerhalb der Gruppe gegenseitiges Vertrauen aufzubauen. In einem solchen Klassenklima können schwierige Gespräche abgemildert und unliebsame Nachrichten einfacher vermittelt werden.

Die Suche nach Fehlern bei anderen liegt in unseren Genen. Es handelt sich also nicht um eine Fähigkeit, die erlernt oder gar gefördert werden muss. Vielleicht ist dies ein universeller Zug des menschlichen Wesens – die Fähigkeit, etwas zu betrachten und sofort einen Fehler darin zu finden, haben wir alle. Manchmal liegt genau darin unser Humor, unsere Gemeinsamkeit, unsere Kameradschaft. Oft geschieht es spielerisch, nahezu harmlos. In manchen Situationen wird es erwartet und sogar akzeptiert. Im Bereich Lehren und Lernen aber beeinträchtigt diese Eigenschaft das Klassenklima, die Erwartungen, die Beziehungen, das Selbstbewusstsein und die Leistung. Sie lenkt die Aufmerksamkeit der Schüler vor allem auf die Fehler und versäumt, das Erreichte hervorzuheben. Gerade wenn Schüler beginnen, ein Konzept, eine Idee, eine Sprache zu verstehen, eröffnen sich vielfältige Gelegenheiten für Kritik. Die Entfaltung neuen Lernens wird gehemmt.

Ein Publikum, das nur auf einen bestimmten Satz wartet, verpasst leicht den schönsten Monolog. Ein Kind, das mit Kritik lebt, lernt zu verurteilen.

> *„I have missed more than 9000 shots in my career. I have lost almost 300 games. On 26 occasions I have been entrusted to take the game winning shot ... and I missed. I have failed over and over and over again in my life. And that's precisely why I succeed."*
>
> (Michael Jordan)

Klassen, in denen zu Feedback angeregt und die entsprechenden Rückmeldungen abgewägt werden, sind sichere, fördernde Lernorte.

Versuchen Sie es damit

3:1

Bevor die Arbeit eines anderen (einschließlich der des Lehrers) kritisiert werden darf, müssen zunächst drei positive Aspekte der Arbeit herausgestellt werden.

▶▶

Stellen Sie diesen Grundsatz ins Zentrum Ihres Classroom-Assessments, beharren Sie darauf und gehen Sie mit gutem Beispiel voran. Machen Sie ihn für sich selbst und für Ihre Schüler geltend, wenn Sie Arbeiten zensieren, mit Schülern über ihre Arbeiten reden, die Klasse um Feedback bitten, am Ende der Stunde Gedanken zusammentragen, mit Kollegen über Schüler sprechen, mit Eltern/AG-Leitern/Tutoren reden, Zielsetzungen formulieren, Zeugniskommentare schreiben oder neue Verhaltensweisen vermitteln.

Auf diese Weise können Sie nicht nur die Gewohnheiten von eher träge lernenden Menschen ändern, sondern auch die offensichtlich bei allen vorhandene Fähigkeit, zuerst nach einem Fehler zu suchen, umkehren. Die 3:1-Regel lässt sich schnell einführen und wird sich zu einem Klassenritual entwickeln, dessen Wert für jeden ersichtlich ist.

◀

Leistungsbeurteilung ist persönlich. Sie ist verknüpft mit Emotionen, Selbstzweifeln, Arroganz, Angst und Erregung. Die Schüler sollen bei der Reflexion ihrer Arbeit aber mehr darin finden als ein simples Spiegelbild ihrer selbst. Angenommen, die Rechtschreibung in einer Arbeit ist dürftig. Das bedeutet nicht, dass der Schüler die Rechtschreibung nicht beherrscht oder dass er schlimmstenfalls dumm ist. Es bedeutet, dass der Schüler heute, bei dieser Arbeit, einige Änderungen vornehmen muss. Oder angenommen, ein Schüler wird für ein gefühlvolles und intelligentes Gedicht mit der Bestnote bewertet – das bedeutet nicht, dass wir ihn oder sie als Hofdichter vorschlagen werden. Indem wir die Persönlichkeit des Schülers von seinem Erfolg oder Misserfolg trennen, kann sein Selbstbewusstsein durch die Bewertungsprozesse hindurch bewahrt werden, egal ob diese nun sanft, rigoros oder anspruchsvoll sind.

Risiko ist ein wesentliches Element

Ein gutes Klassenklima ist durch Risikobereitschaft gekennzeichnet. Wenn Schüler in einer Klasse das Gefühl haben, ohne Angst vor Spott, Verlegenheit oder Scham ein Risiko eingehen zu können, lernen sie schneller und haben eine größere Kontrolle über ihr Lernen. Was wäre das Lernen einer Fremdsprache, ohne jemals das Risiko einzugehen, die Worte laut auszusprechen? Was wäre der Versuch, Teilchenphysik zu verstehen, ohne darüber zu diskutieren, oder was wäre das Erlernen des Radfahrens, ohne aufzusteigen? In unserer Gesellschaft ist Risiko mit negativen Konnotationen wie finanzielle Risiken, Gesundheitsrisiken oder Sicherheitsrisiken verknüpft. In der Klasse ist es ein wesentliches Element erfolgreicher, konstruktiver Leistungsbeurteilung. Risikobereitschaft beim Erlernen einer neuen Fähigkeit oder eines neuen Konzeptes ist, wie man so schön sagt, „eine große Sache“. Es braucht eine große Portion Vertrauen der Klassenkameraden zueinander sowie Zutrauen in den Lehrer. Aber: Klassen, in denen Risiken eingegangen werden, sind faszinierende Lernorte. Man findet dort den Reiz neuer Ideen, Aufrichtigkeit darüber, wie Menschen lernen, unerwartete Wendungen und ein allgemeines Streben nach Verständnis.

Zur Strategie

Wie man Schüler bei der Beantwortung von Fragen zu Risikobereitschaft anregen kann

„Es gibt auf der Welt nur zwei Orte, an denen Zeit Vorrang vor der zu erledigenden Arbeit hat: in der Schule und im Gefängnis."

(William Glasser)

Das Konkurrenzdenken vieler Menschen lässt vielen von uns zu wenig Zeit zum Nachdenken. Die Eile in vielen Unterrichtsstunden – bekannt durch Sätze wie: „Ich muss diese Einheit/dieses Modul/dieses Projekt abschließen, sonst sind sie nicht ausreichend vorbereitet auf..." – sowie der Druck, einen starren Lehrplan erfüllen zu müssen, verleitet viele Lehrer zu schlechten Gewohnheiten. Statt Geduld vorzuleben und die wenigen zusätzlichen Sekunden abzuwarten, die ein Schüler zur Formulierung einer Antwort braucht, neigen sie dazu, einen anderen Schüler aufzurufen, der schneller eine Antwort geben wird. Seien Sie Vorbild, indem Sie versuchen, Sätze zu formulieren im Stile von: „Nimm dir Zeit, versuche, ein Risiko einzugehen, indem du deine Gedanken laut aussprichst, du weißt, dass ich auch nicht immer direkt beim ersten Mal das Richtige sage."

Wenn Sie geduldig sind und die Angst der Schüler, die sich beim Reden vor Gleichaltrigen unwohl fühlen, beseitigen, sind Sie Ihren Schülern ein Vorbild. Der Gedanke, dass wir immer perfekte Antworten formulieren können, beinhaltet eine unrealistische und destruktive Erwartung.

Suchen Sie die richtige Formulierung und den richtigen Ton: „Danke, dass du ein Risiko eingegangen bist und deine Gedanken laut ausgesprochen hast." Geben Sie den Schülern Zeit, nachzudenken, diese zusätzlichen fünf Sekunden sind oft das Warten wert. Experimentieren Sie mit alternativen Methoden, mithilfe derer die Schüler signalisieren, dass sie eine Antwort gefunden haben (siehe Kasten). Der Aufruf: „Bitte melden!" hat nicht selten zur Folge, dass alle aufhören zu denken, sobald ein Schüler anzeigt, dass er die Antwort gefunden hat.

Versuchen Sie es damit

Methoden, mithilfe derer die Schüler signalisieren können, dass sie eine Antwort gefunden haben:

» Bitten Sie die Schüler, Sie anzuschauen, wenn sie eine Antwort wissen, und wegzuschauen, solange sie noch nachdenken.

» Setzen Sie persönliche Whiteboards ein, die der Klasse oder einem Partner im Anschluss an eine Denkphase gezeigt werden (diese Methode funktioniert gut, sobald eine kleine Gruppe den Reiz des Zeichnens großer Pillermänner auf ihren Boards überwunden hat!).

▶▶

- » Verwenden Sie selbstklebende Zettel, mithilfe derer die Gedanken aller zusammengetragen werden und die in Gruppen oder gemeinsam an einem Ständer, einer Wand oder einem Flipchart befestigt werden.
- » Bringen Sie dezente Anzeigen auf den Tischen an, mithilfe derer Sie auf Ihrem Gang durch die Klasse ablesen können, wie sicher sich der Schüler seiner Antwort ist. Viele Lehrer setzen hier Ampeln, Smileys oder auf- und abwärts gerichtete Daumen ein. Ihre Schüler können auch einfache 1–10-Skalen mit Schiebereglern basteln, die diskret auf den Tischen platziert werden. Stellen Sie eine Frage und bitten Sie die Schüler, den Marker an die entsprechende Ziffer zu schieben, sobald sie die Antwort gefunden haben. Selbstverständlich kann diese Skala für jegliche Form einfacher Kommunikation mit dem Lehrer eingesetzt werden, wie z. B.: „Wie motiviert bist du?“, „Wie eilig ist deine Bitte um Hilfe?“, „Wie viel davon verstehst du?“, „Wie gut wirst du dich fühlen, wenn du es verstanden hast?“, „Wie gut war dein Wochenende?“
- » Vergessen Sie nicht, die Schüler zu belohnen, die die richtige Antwort gegeben haben oder ein wohlüberlegtes Risiko eingegangen sind – nicht mit Süßigkeiten und Geschenken, sondern mit einem Lächeln und ernsthafter, positiver Bestätigung.
- » Versuchen Sie, jedem Schüler Zeit zum Nachdenken zu geben. Wählen Sie anschließend per Zufall einen beliebigen Schülernamen aus: Sie können dabei Namen aus einem Hut ziehen oder in PowerPoint einen Zufallsgenerator gestalten, indem Sie den Namen jedes Schülers auf je einem Blatt eingeben und dann mit höchster Geschwindigkeit eine Slideshow ablaufen lassen. Die Show stoppt per Maus- oder Tastaturklick bei einem zufälligen Namen. ◀

Die physische Umgebung für erfolgreiche Leistungsbeurteilung

Häufig werden in Projektpräsentationen abgeschlossene Arbeiten gefeiert. Für viele ist die Präsentation der Höhepunkt eines Projektes oder einer Aktivität, eine Bestätigung, dass die Arbeit erfolgreich war und zu Resultaten geführt hat, auf die jeder stolz ist. Natürlich kann man auch eine Projektpräsentation feiern, es muss aber nicht der alleinige Schwerpunkt sein. In Untersuchungen mit über 4.000 Schülern in den Sekundarstufen I und II zur Einstellung gegenüber Präsentationen habe ich festgestellt, dass mindestens 50 Prozent der Schüler nicht wollten, dass ihr Werk ausgestellt wird. Die Gründe dafür waren vielfältig, manche hatten Angst vor Verspottung, andere hielten ihr Werk nicht für gut genug oder hatten Sorge, es könnte beschädigt werden.

Präsentationen können im Hinblick auf die Förderung von Beurteilungskompetenzen und selbstbestimmte Standpunkte weitaus vielfältiger eingesetzt werden. Lehrer, deren Präsentationen mehr als nur das Ergebnis reflektieren, wissen, dass die Ausstellung auch eine Reflexion des Lernprozesses und der Lernrichtung sein kann. Darüber hinaus kann sie eine Wirkung haben auf das Verstehen der Erfolgskriterien sowie die geforderte Qualität einer Arbeit im Hinblick auf eine bestimmte Note und die Schüler ermutigen, über ihre nächsten Schritte nachzudenken.

Wenn wir Präsentationen als Lern- und Beurteilungshilfe verstehen, verändert sich das Präsentierte täglich, es ist viel kurzlebiger und möglicherweise ein bisschen unordentlicher, dafür aber wesentlich relevanter für die Arbeit, mit der die Schüler aktuell beschäftigt sind.
Eine Klasse, die ihre Präsentation zur Unterstützung der Leistungsbeurteilung einsetzt, braucht:

- » Schlüsselworte, „Wow"-Wörter (ein extrem komplizierter, erweiterter Wortschatz, mit dem man andere Leute beeindrucken kann), die Kenntnis der wesentlichen Fachbegriffe sowie ausreichend Platz, auf dem die Schüler entsprechende Definitionen und Erläuterungen vermerken können.
- » Diagramme und Ideen: Mind-Maps, Entwürfe und Skizzen, Netzdiagramme und Lernlandkarten.
- » Fotografien von „Heureka!"- und „Aha!"-Momenten.
- » Beurteilungskriterien und entsprechende Arbeitsbeispiele, auf großen Bögen notiert und mit Reißzwecken und Fäden, gefärbter Wolle oder dicken Filzstiften verbunden.
- » Zielsetzungen wie Listen, Lesemarken oder grafische Darstellungen für jede Gruppe oder jeden Schüler.
- » Auflistungen vereinbarter oder abgelehnter Kriterien, daneben die Namen der Schüler, Aufkleber oder Smilies.
- » klare Grenzen und Routinen für die Beurteilung von Gleichaltrigen und Gruppen sowie für die Selbsteinschätzung, in Textform oder als vereinbarter, leicht zu deutender Zeichensatz.

Ausreichend Platz für abgeschlossene Arbeiten findet sich außerhalb des Klassenraumes, in den Fluren, im Sekretariat, aber auch auf dem Bildschirm, auf digitalen Fotorahmen oder im Intranet. Sollte der Platz Ihrer Meinung nach nicht ausreichen, können Sie alle vorab gefertigten, „motivierenden" Poster abhängen, die zwar wertvoll erschienen, tatsächlich aber keinen Einfluss auf den Erfolg haben. Unterrichten Sie in verschiedenen Räumen, empfiehlt sich der Einsatz digitaler Fotorahmen oder großer Sammelmappen zur Präsentation geeigneter Beispiele.

Im Sekundarbereich kommt Präsentationen vor allem im Zusammenhang mit externen Besuchern oder Veranstaltungen große Bedeutung zu. Vielen Lehrern ist der Wert von Präsentationen und einer Umgebung, die klar auf Leistung und Lernen ausgerichtet ist, durchaus bewusst, aber wenige erkennen, dass sie die Zeit haben, eine Präsentation von hoher Qualität anzufertigen. Wenn dieselben Lehrer in eine fleißige Grundschulklasse kommen, sind sie sofort von der Qualität der Präsentation, der Ideenvielfalt und den leuchtenden Farben beeindruckt. Die besten Klassen stellen so viele aktuelle Arbeiten aus, dass an den Wänden kaum Platz für anderes ist. Die Fenster sind übersät mit Ideenskizzen, die Innenseite der Tür geschmückt mit einer Aufzeichnung von Fachbegriffen und von der Decke hängen Aufforderungen zu Fragen und Feedback. Der Raum ähnelt eher dem Laboratorium eines Verrückten denn einem gepflegten Klassenzimmer. Die Schüler aber entnehmen dem scheinbaren Ideenchaos für gewöhnlich einen Sinn, sie haben die Kontrolle über das, was sie lernen und wie sie lernen.

Aus der Praxis

Leicht nervös und ängstlich saß ich als Besucher im Empfangsbereich einer Schule und versuchte, diese einzuschätzen und anschließend abzuwägen, wie der Tag werden würde. Die Zeichen standen alles andere als gut: Es gab einen Überfluss an Haarschmuck, Turnschuhen, Flüchen, den Gestank von Zigarettenrauch und eine Woge von vorbeiziehenden Teenagern. Die Teppiche wurden nur durch eine Menge Kaugummi zusammengehalten, die Umgebung war trostlos und mit Graffiti übersät und nirgendwo gab es Anzeichen von Präsentationen. Ängstliche Angestellte hasteten herein und das Gerücht kam auf, dass auf dem Gelände in der vergangenen Nacht jemand angegriffen worden sei. Ich wappnete mich innerlich.

Die Arbeit im Fachbereich Englisch war nicht leicht. Ich quälte mich durch chaotische Stunden, in denen man als Lehrer darum kämpfte, die Kontrolle zu behalten, und vor dem Hintergrund der unvermeidlichen „What the f*** are you doing here?"-Gespräche der reizenden Herrschaften in der letzten Reihe dachte ich über den trostlosen Zustand des Raumes nach. Alte Ausstellungsstücke neigten schamhaft ihre Häupter und weinten. In den Fluren waren solche Ausstellungsstücke Opfer des Gekritzels marodierender, schubsender und zerrender Teenager geworden, Zeugnisse fehlenden Stolzes, Selbstbewusstseins und Respekts vor dem Eigentum anderer. Ich beschloss, das Problem sofort anzugehen.

Während der folgenden beiden Tage machten wir uns in den Fluren an die Arbeit und versuchten, der unausweichlichen Miesmacherei der vorbeigehenden Lehrer standzuhalten. Aber als wir weiterarbeiteten und die Vorübergehenden unsere Entschlossenheit und Begeisterung bemerkten, boten Schüler ihre Hilfe an. Am Ende des Tages blieben fünf Schüler, um zu helfen, und zur Mittagszeit des folgenden Tages waren wir fertig. In zwei Tagen hatten sich die Flure dank der harten Arbeit einiger unglaublicher Schüler verwandelt.

Angestellte und Schüler gleichermaßen blieben stehen und zollten der Arbeit Anerkennung. Die Schüler, die geholfen hatten, waren motiviert weiterzumachen und zogen schließlich mit einer Kiste voller Utensilien los, um andere Flure zu verändern, auch in anderen Fachbereichen, die um Hilfe baten. Das „Präsentationsteam" war geboren und die Lehrer bemerkten, dass eine großartige Präsentation sie nicht notwendigerweise mehr Zeit oder Anstrengung kostete.

▶▶

Als ich zwei Wochen später wieder zu Besuch kam, war ich gespannt, in welchem Zustand sich die neuen Ausstellungen befinden würden. Sicher, es gab einige geknickte Papierecken, aber im Großen und Ganzen waren die Objekte nicht zerstört, sie wurden geachtet und konnten einem Urheber zugeordnet werden, erkennbar an Äußerungen vorbeigehender Schüler wie: „Das war meine Idee." ◀

Geeignete Vorgehensweisen für die Primarstufe und die Sekundarstufen

Primarstufe

Geschickte Kommunikation

Geschickte Kommunikation zwischen Lehrer und Schülern vereinfacht die Entscheidung des Lehrers, wann er eingreifen soll und wann er den Schüler selbstständig arbeiten lässt. Verwenden Sie Methoden unmittelbaren Feedbacks, z. B. Ampelfarben: Rot für „Hilfe!", Gelb für „Ich komme voran, aber ich habe eine Frage" und Grün für „Lass mich in Ruhe, es läuft".

Lernen Sie mit Ihren Schülern

Lassen Sie die Schüler beobachten, wie Sie lernen, Dinge missverstehen, ein Ziel erreichen und, am Wichtigsten, wie Sie scheitern. Wählen Sie eine Aufgabe, die für Sie ebenso eine Herausforderung ist wie für die Schüler, z. B. Jonglieren, das Gestalten einer Collage, das Basteln von Figuren aus Halmen.

Bilder, Icons und Fotos

Setzen Sie Bilder, Icons und Fotos ein – für alle, nicht nur für die, die lesen lernen. Ritualisieren Sie Beurteilungsprozesse und fördern Sie deren Verständnis.

Sekundarstufe I

Die ersten Fünf

Wenn der Trubel des Teenageralters bei vielen Schülern die Begeisterung für das Lernen verdrängt, müssen Sie für ein förderliches Klassenklima mehr tun. Die ersten fünf Minuten einer Stunde sind kritisch. Stellen Sie sich an die Tür und begrüßen Sie Ihre Schüler per Handschlag oder mit einem Lächeln, zeigen Sie, dass Sie froh sind, sie zu sehen, auch wenn es nicht der Wahrheit entspricht. Wenn Sie hohe Anforderungen an eine Unterrichtsstunde haben, stecken Sie die Schüler mit Ihrem überschwänglichen Enthusiasmus, Ihrer Entschlossenheit und Leidenschaft für das Thema an. Der Unterrichtsinhalt sollte passend zu Ihrem Auftritt faszinierend und motivierend sein und die Schüler einbeziehen.

Sitzordnung

Behalten Sie die Kontrolle über die Sitzordnung und darüber, wer mit wem zusammenarbeitet. Lassen Sie Jungen mit Mädchen arbeiten. Begegnen Sie der Teilung von Gruppen, die aufgrund von Freundschaft, Herkunft oder Cliquen-Zugehörigkeit bestehen, indem Sie die Zusammensetzung der Schüler ständig verändern und darauf bestehen, dass alle Schüler gemeinsam lernen und beurteilen.

Gemeinsames Spiel
Einfache Spiele bauen schnell Vertrauen und Beziehungen auf. Versuchen Sie es mit dem Spiel „Bis 20 zählen“: Stellen Sie ein Objekt für alle sichtbar in die Mitte eines Kreises von Schülern. Ziel des Spiels ist es, abwechselnd bis 20 zu zählen, ohne zuvor eine Strategie zu erarbeiten oder sich dabei anzusehen. Sprechen zwei Leute gleichzeitig, beginnt das Spiel von vorne. Sie zeigen den Schülern damit nicht nur, dass man mit den Augen hören kann, sondern regen sie zu Risikobereitschaft und Teamarbeit an und fördern gegenseitiges Vertrauen und Respekt.

Sekundarstufe II

Schüler wie Erwachsene behandeln
Die Schüler möchten wie Erwachsene behandelt werden – definieren Sie deshalb gemeinsam, was das bedeutet. Was sind die Rechte und Pflichten der Erwachsenen? Wie lernen Erwachsene zusammen? Was sind die vereinbarten Abläufe, Routinen und Verhaltensweisen in einem professionellen Arbeitsumfeld? Investieren Sie Zeit für die gemeinsame Erörterung dieser Fragen und gehen Sie immer davon aus, dass den Schülern selbst das selbstverständlichste Lernverhalten vielleicht nicht geläufig ist.

Schüler als Lehrer
Bitten Sie Schüler regelmäßig, eine Stunde ganz oder teilweise zu unterrichten. Planen Sie dafür einen festgelegten Zeitrahmen ein und verfahren Sie nach dem Rotationsprinzip. Fordern Sie von den Schülern die Übernahme der Verantwortung für das Lernen und unterstützen Sie sie dabei diskret.

Beziehungen stärken
Versuchen Sie, positive Beziehungen sowohl zu unauffälligen als auch zu extrem auffälligen Schülern aufzubauen. Einige Schüler haben möglicherweise ausgetüftelte Strategien entwickelt, um das Reden vor der Klasse, das Beantworten von Fragen oder die Interaktion mit anderen zu vermeiden. Nehmen Sie sich Zeit für den behutsamen Aufbau einer Beziehung: Begrüßen Sie den Schüler, wann immer Sie ihm begegnen; verweisen Sie auf ein Buch, einen Film oder einen Gedanken, der ihn vielleicht interessiert; bestärken Sie ihn darin, aktiv am Unterricht teilzunehmen; übermitteln Sie diesen Schülern positive Nachrichten über Lehrer, zu denen sie schon eine starke Beziehung haben; nehmen Sie sich Zeit, am Ende einer Klassenarbeit einen persönlichen und durchdachten Kommentar zu notieren; suchen Sie Gelegenheiten zu informeller Kommunikation. Das Vertrauen der Schüler in Sie ist eine entscheidende Voraussetzung für ihre Risikobereitschaft.

Übung

Führen Sie diese Übung mit wahren oder falschen Aussagen selbst durch. Sie könnten sie Ihren Schülern als Anregung zu Diskussionen über neue Vorgehensweisen, über die Sie sich Gedanken machen, vorlegen.

	WAHR	FALSCH
Schüler, die älter als 11 Jahre sind, wissen, wie man selbstständig arbeitet.		
Das Lernverhalten des Lehrers beeinflusst das Lernverhalten der Schüler.		
Es ist wissenschaftlich erwiesen, wie Menschen lernen.		
Zielsetzungen für andere Menschen zu erstellen, ist Zeitverschwendung.		
Man braucht zur Bewertung von Schülerarbeiten lediglich eine Note.		
Es liegt nicht in der Verantwortung des Lehrers, Schülern beizubringen, *wie* man lernt.		
Im modernen Unterricht gibt es keinen Raum fürs Auswendiglernen.		
Dreigeteilte Unterrichtsstunden verbessern das Lernen.		
Die Schüler entscheiden selbst, ob sie lernen.		
Lehrer und Schüler können wahre Freunde sein.		
Man kann in einer Stunde Spiel mehr über jemanden lernen als in einem Jahr voller Gespräche.		

Denkanstöße

» Wie gehen Sie, wenn Sie selbst lernen, mit Zielsetzungen, Handlungsplänen, Zielvorgaben und reflexiver Selbsteinschätzung um?

» Wie können Sie das gemeinsam mit Ihren Schülern nutzen?

» Wann wollen Sie mit und vor Ihren Schülern lernen?

» Wie könnten Sie Ihren Schülern Verantwortung für Präsentationen übergeben?

Zusammenfassung

Ohne das geeignete Klassenklima gelingt die Einführung von Vorgehensweisen, die den Schülern Teilhabe ermöglichen sollen, nicht. Die Verantwortung für die Leistungseinschätzung kann nicht sinnvoll an Schüler übergeben werden, die versuchen, in einem feindlichen Umfeld zu arbeiten. Belastbarkeit, Empathie und Freundlichkeit unterscheiden Schüler, die nur miteinander arbeiten, von solchen, die einander helfen zu lernen. Wenn Sie das Klassenklima direkt angehen, investieren Sie Zeit, die Sie durch wirklich konstruktive Leistungsbeurteilung durch Gleichaltrige, Lehrer und Gruppen sowie durch Selbsteinschätzung wieder ausgleichen.

Auf einen Blick

- Sie sollten darauf beharren, zunächst das zu beurteilen, was gelingt, und erst im zweiten Schritt zu untersuchen, was nicht gelingt.
- „Kinder sehen, Kinder imitieren": Ihr Vorbild als Lernender ist von entscheidender Bedeutung, Sie sind Fachmann sowohl für Erfolg als auch für Misserfolg.
- Assessment hat eine emotionale Wirkung, Classroom-Assessment scheitert in Klassen, in denen das Klima nicht sicher genug ist, um Risiken einzugehen und ehrliche Kritik zu akzeptieren.
- 3:1: Die Herausstellung von jeweils drei positiven Aspekten einer Arbeit berechtigt zur Äußerung eines Kritikpunktes.
- Ermutigen Sie sich selbst und Ihre Schüler zu Risikobereitschaft bezüglich des Lernens.
- Gestalten Sie die Grenzen für gegenseitigen Respekt und gegenseitiges Vertrauen klar und unanfechtbar.
- Nutzen Sie in Grundschulen jeden freien Raum für Präsentationen, setzen Sie die Ausstellungen zur Unterstützung aktueller Arbeiten ein und schmücken Sie die Flure mit Retrospektiven.

Wo stehen wir?

Der Assessment-Baum

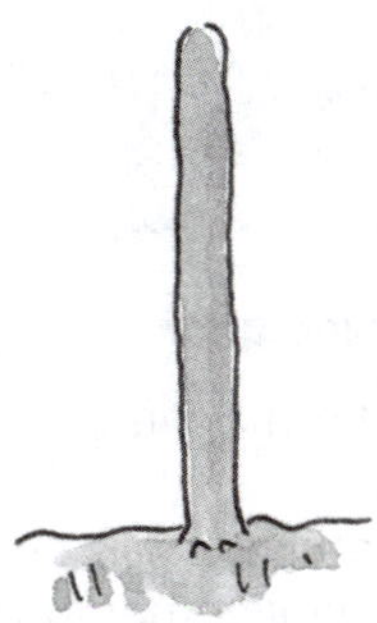

Die Basis für produktives Classroom-Assessment wird entwickelt. Eine emotional sichere Klasse bereitet weiteren Vorgehensweisen einen sicheren und stabilen Grund. Sobald sich Wurzeln ausbreiten, ist Wachstum unausweichlich. Schüler, die ein Risiko eingehen, fühlen sich sicher.

Kapitel

2

Selbstbestimmte Leistungsbeurteilung, motivierte Lernende

„Wirkliches Lernen kann in Schulen nicht stattfinden, wenn wir der Meinung sind, es sei unsere Pflicht und unser Recht, Kindern zu sagen, was sie lernen müssen."

(John Holt, 1990)

In diesem Kapitel erfahren Sie etwas über

- die Möglichkeiten, für und mit Ihren Schülern die Verantwortung für die Leistungsbeurteilung zu fördern
- die Möglichkeiten, durch Kompetenzen des Lehrkörpers und Rituale in den Bereichen Selbstreflexion, Zeitmanagement und Denken selbstsichere, selbstbestimmt Lernende hervorzubringen
- die Gefahr, durch schematische Herangehensweisen an das Lernen die Selbstbestimmung einzuschränken und zu geistiger Bevormundung anzuregen

Selbstbestimmt Lernende übernehmen Verantwortung für ihre Leistungsbeurteilung – nicht zufällig, sondern konstruktiv. Sie haben Kompetenzen erworben, die es ihnen ermöglichen, unabhängig zu beurteilen und zu differenzieren. Schüler zu befähigen, Verantwortung für ihr Lernen und ihre Leistungsbeurteilung zu übernehmen, bedeutet nicht, einfach die Leinen zu kappen. Die Förderung von Selbstbestimmung innerhalb eines Systems, das Unterstützung bereitstellt, bedeutet vielmehr, die Schüler weniger zu bevormunden und mehr mit ihnen über das Lernen zu diskutieren. Wenn Schüler dazu motiviert werden, ihre eigene Leistungseinschätzung zu kontrollieren, bedeutet dies für die meisten Klassen einen kulturellen Wandel. Die Förderung und die Verankerung selbstbestimmten Lernens in der Klasse kann große qualitative Veränderungen in der Leistungsbeurteilung bewirken.

Selbstbestimmung und die Förderung unabhängigen Lernens

Irgendwann müssen wir einsehen, dass individualisierter Unterricht unmöglich ist, solange die Kontrolle über das Lernen beim Lehrer verbleibt. Unser Erziehungsmodell ist weit davon entfernt perfekt zu sein, aber durch einige einfache Änderungen im täglichen Ablauf können die Voraussetzungen für die Vermittlung selbstbestimmten Lernens und das Gedeihen von Classroom-Assessment geschaffen werden.

Wenn unser Arbeitsleben von Selbstbestimmung geprägt ist, dann sind wir verantwortlich und motiviert und haben das Gefühl, die Kontrolle zu haben über die Entscheidungen, die wir treffen. Befolgen wir aber Befehle von oben oder restriktive Lehrpläne, die uns vorschreiben, wie wir unterrichten sollen, fühlen wir uns schnell demotiviert und kraftlos und reagieren vielleicht rebellisch oder mit Zynismus. Im Arbeitsleben ist Selbstbestimmung von zentraler Bedeutung für die Motivation. Bei Schülern ist das genauso.

Selbstbestimmung wird nicht gefördert durch Unterrichten im Hinblick auf Tests, Abschlüsse und externe Kriterien. Die Kultur unnötiger Tests wirkt der Selbstbestimmung entgegen, die wir fördern wollen. Sie erstickt den Lehrplan, schränkt wahre Differenzierung ein, schreckt selbst jüngere Kinder vom Lernen ab und dient nur Menschen mit einem Fetisch für Kontrollkästchen. Da Lehrer unter dem wachsenden Druck stehen, in immer kürzerer Zeit immer mehr Inhalt vermitteln zu müssen, mag es zunächst so scheinen, als verlangsame sich der Beurteilungsprozess, wenn man Schülern mehr Verantwortung übergibt. In der Praxis lohnt sich der anfänglich investierte Zeitaufwand im Nachhinein jedoch.

Es ist möglich, die vielen Prüfungshürden mit ein wenig Fingerspitzengefühl zu nehmen und das, was wir tun müssen, menschlich zu gestalten. Wir können Schülern helfen, innerhalb eines fehlerhaften Systems zu wahrhaft selbstbestimmt Lernenden zu werden. Durch kompetentes Unterrichten können wir innerhalb gewisser Grenzen Klassen schaffen, in denen Schüler bereit sind, Verantwortung zu übernehmen und sich selbst zu kontrollieren.

Klassen, in denen Lehrer unterrichten und Schüler zuhören, sind nicht selbstbestimmt; Klassen, in denen der Lehrer „alles weiß“, ebensowenig. Was die Lehrer betrifft, handelt es sich nicht nur um eine Frage der Kompetenz, sondern auch um eine Frage der Bereitschaft, ein Risiko einzugehen und Veränderungen anzugehen.

Verantwortung

Der erste Schritt zur Hervorhebung der Selbstbestimmung in der Klasse ist die Übergabe von Verantwortung für scheinbar lächerliche Aufgaben an die Schüler. Lehrer, die ihren Schülern nur die Verantwortung dafür geben, sich hinzusetzen und still zu sein, sind erstaunt, dass die Schüler keinerlei Verantwortung für ihr Lernen, für Deadlines und sich selbst übernehmen. In Grundschulklassen herrscht in den Breichen Lernen und Organisation sehr viel Selbstbestimmung. Man könnte argumentieren, dass wir schon in der Primarstufe den Kindern beibringen, selbstbestimmt zu sein: „Jeder muss seine Ausrüstung aus den Kisten holen, alle haben die Verantwortung, aufzuräumen“ oder „Joel, kannst du die Gruppendiskussion leiten?“ In den Sekundarstufen scheint Selbstbestimmung als Bedrohung oder unnötiges Risiko gesehen zu werden: „Richtig, ich teile die Scheren aus, fasst sie nicht an, bevor ich es euch erlaube, bleibt sitzen, bis ihr die schriftliche Erlaubnis habt, setzt euch, seid still und lernt!“

Versuchen Sie es damit

Die Übergabe von Verantwortung für einfache Aufgaben an die Schüler spart Ihnen Zeit, fördert die Unabhängigkeit der Schüler und stärkt das Gemeinschaftsgefühl.

Welche Aufgaben übernehmen Sie, die die Schüler durchaus selbst bewältigen könnten? Wie viel Verantwortung können Sie abgeben, angefangen beim Austeilen von Material, über die Vorbereitung des Klassenraums bis hin zum Aufbau und zur Aktualisierung von Präsentationen? Wer ist verantwortlich für die Organisation des Lernens? Wie können Sie zur Übernahme von Verantwortung anregen und diese aufteilen?

Beginnen Sie mit rein organisatorischen Aufgaben. Überprüfen Sie mithilfe der folgenden Tabellen, wie viel Verantwortung bei den Erwachsenen und wie viel bei den Schülern Ihrer Klasse liegt.

Aufgabe	Lehrer	Schüler
Verteilen und Organisieren der Ausrüstung		
Vorbereiten des Klassenraums für die Stunde		
Planen und Gestalten von Präsentationen (setzen Sie eventuell ein Schülerteam ein)		
Betreuen von Präsentationen in der Klasse		

▶▶

Aufräumen des Klassenraums nach der Stunde		
Aushandeln von Regeln und Erwartungen		
Festlegen des erforderlichen zeitlichen Rahmens für Aufgaben		
Verweisen anderer Schüler auf vereinbarte Regeln, z. B. Ausschalten von Telefonen etc.		
Bestellen von Materialien und Ausrüstung		
Organisieren von Schränken		
Einsammeln von Hausaufgaben und Eintreiben verspäteter Arbeiten		
Umräumen von Möbeln		

Überprüfen Sie dann, wer die Verantwortung für das Lernen übernimmt:

Aufgabe	**Lehrer**	**Schüler**
Gestalten einer Unterrichtseinheit		
Einbringen von Ideen für weiterführende Aufgaben		
Einteilen von Gruppen		
Anderen Schülern spezifische Konzepte und Kompetenzen beibringen		
Leiten einzelner Abschnitte der Stunde		
Aushandeln von Deadlines für Hausaufgaben und Kursarbeiten		
Aufzeichnen von Zielen		
Gestalten von individuellen und klassenbezogenen Lernblogs		
Pflegen eines gruppenbezogenen Lernblogs		
Organisieren von Lern- und Fördergruppen		
Leiten des Plenums		
Rückmeldung an den Lehrer bezüglich der Qualität der Lehre		

Auch hier kommt Ihnen eine entscheidende Vorbildfunktion zu. Wir sind alle nur Menschen, trotzdem ist es wichtig, dass unsere persönliche Unordnung und Fehlbarkeit für unsere Schüler nicht zu einem schlechten Vorbild wird.

Wenn die gesamte Verantwortung bei Ihnen verbleibt, werden sich Ihre Schüler vermutlich schwer tun, selbst die ersten Schritte in Richtung selbstbestimmtes Lernen zu gehen. Bevor Sie aber morgen eine Revolution starten und den Schülern einfach Ihre Arbeitspläne aushändigen, erarbeiten Sie lieber einen Plan zur schrittweisen Übergabe von Verantwortung. Beginnen Sie mit einfachen Aufgaben und gehen Sie das Risiko auch bei den Schülern ein, die scheinbar nicht in der Lage sind, Verantwortung zu übernehmen. Geben Sie ihnen das Gefühl, Vertrauen in sie zu haben und ihnen etwas zuzutrauen. Wundern Sie sich nicht, wenn diese eine fantastische Reaktion zeigen, während Schüler, die den Gedanken an mehr Beteiligung ablehnen, mehr Hartnäckigkeit erfordern.

„Es ist meine Zeit, die ihr verschwendet!“: die Fähigkeit zum Zeitmanagement vermitteln

Wessen Zeit ist es wirklich? Diskussionen rund um das Thema Zeit bedienen oft nur Klischees: „Es ist deine Zeit, die du verschwendest“, „Du verschwendest gerade meine Zeit“, „Ich warte auf dich“ und so weiter und so fort. Wo liegt die Verantwortung für das Zeitmanagement wirklich?

Guter Tipp

Versuchen Sie einmal, Ihre tägliche Gewohnheit zu durchbrechen und dem Drang zu widerstehen, eine Deadline zu setzen, sobald Schüler mit einer Aufgabe beginnen. Fragen Sie die Schüler stattdessen, wie viel Zeit sie vermutlich für die Aufgabe benötigen werden. Ihre Stunden werden wie am Schnürchen laufen, je mehr Übung die Schüler darin haben, Deadlines abzuschätzen, auszuhandeln und auf sie hinzuarbeiten.

Wir haben alle schon Unterrichtsstunden erlebt, die zu lang oder zu kurz waren, Stunden, in denen uns das Zeitgefühl abhandengekommen ist, weil wir sehr auf eine Sache konzentriert waren, sowie Momente, in denen wir mehr Hausaufgaben aufgegeben haben, weil uns die Zeit davongelaufen ist. Vielleicht wäre es besser, die Verantwortung für das Zeitmanagement mit den Schülern zu teilen.

Nicht selten beklagen sich Lehrer, die in einem Kurs langfristige, nahzu wahllose Abgabetermine gesetzt haben, bitterlich darüber, dass die Arbeiten nur sehr zögerlich abgegeben werden und von schlechter Qualität sind. Sie arbeiten meist mit Schülern, die wenig Erfahrung darin haben, Verantwortung für ihr Lernen sowie das Management und die Organisation der eigenen Zeit zu übernehmen. Auf der anderen Seite dieser Skala finden sich Schüler, denen offensichtlich alles vorgegeben wird, die in Bezug auf Deadlines ungerechterweise besonders viel Nachsicht erfahren und sich viel zu sehr auf ihren Lehrer verlassen.

Wenn Erwachsene Schwierigkeiten haben, ihre eigene Zeit zu managen, finden sie schnell Strukturen, mithilfe derer sie bezüglich ihrer Arbeit Prioritäten setzen können. Ebendieser Gedanke kann den Schülern vermittelt und von ihnen verstanden und angewendet werden:

Stephen Coveys Zeitmanagement-Quadranten (vgl. Abbildung 2.1) können dabei insbesondere für ältere Schüler hilfreich sein (Covey, 2005). Die entsprechende Terminologie kann in den Unterricht eingebunden und dort verwendet werden, um Schüler im Umgang mit ihrer Zeit zu unterstützen. Die Verantwortung für das Zeitmanagement kann nicht beim Lehrer liegen – Schülern kann beigebracht werden, die Verantwortung für das eigene Zeitmanagement selbst zu übernehmen.

Coveys Quadranten	
Quadrant 1 **Wichtig und dringend** Löscharbeiten: „Die Tätigkeiten müssen sofort in Angriff genommen werden und sie sind wichtig." Krisen und unaufschiebbare Probleme wie Darrens vollgepinktelte Hose; Deadline-orientierte Projekte, z. B. das Einreichen von Berichten.	*Quadrant 2* **Wichtig, nicht dringend** Qualitätszeit: „Wichtig für Ihre langfristigen Ziele, können aber geplant werden." Beratung einzelner Schüler, Umgestaltung eines Arbeitsplanes, Teilnahme am gesellschaftlichen Leben.
Quadrant 3 **Dringend, nicht wichtig** „Angelegenheiten, mit denen man sich sofort beschäftigen muss, die aber nicht wirklich wichtig sind." Unterbrechungen, z. B. durch Anrufe oder Witneys Frage nach dem Schulausflug, manche der eingereichten Texte.	*Quadrant 4* **Weder dringend noch wichtig** „Zeitverschwendung" Meetings, die länger als 45 Minuten dauern, Festlegen von Zielen für Schüler, Vorhersage des Anspruchsniveaus 18 Monate vor den Prüfungen.

Quelle: Der Abdruck und die Adaption erfolgt mit freundlicher Genehmigung nach Covey, S.R. (1989): The 7 Habits of Highly Effective People, Simon and Schuster

Abbildung 2.1: *Coveys Quadranten in Bezug auf Ihr Zeitmanagement*

Mögliche Einsatzbereiche der Quadranten in der Arbeit mit den Schülern:

» Hilfestellung zur Planung intensiver Phasen des Selbststudiums. Bitten Sie die Schüler, alles aufzulisten, was sie vor einer Prüfung erledigen müssen, dabei sollten Sie sowohl persönliche als auch arbeitsbezogene Aktivitäten bedenken. Bilden Sie Zweiergruppen und bitten Sie die Schüler, die jeweiligen Tätigkeiten dort einzuplanen, wo es ihrer Meinung nach angemesssen ist. Diese Liste kann als Ausgangspunkt für Gespräche mit Gleichaltrigen und für Verhandlungen mit dem Lehrer eingesetzt werden.

» Die Aufmerksamkeit sollte darauf gerichtet werden, wie die Schüler ihre Zeit während der Unterrichtsstunden verbringen. Bitten Sie Ihre Schüler, ihre Aktivitäten zu beobachten und aufzulisten, beziehen Sie dabei sowohl arbeitsbezogene als auch soziale Aktivitäten mit ein, wie z. B. Stifte spitzen, leichte Drohgebärden etc.

» Lassen Sie Ihre Schüler bei Ihrer Zeiteinteilung mitreden. Leben Sie die Umsetzung der Quadranten vor und zeigen Sie auf, wie Sie selbst Phasen intensiver Arbeit organisieren.
» Handeln Sie realistische Deadlines für Hausaufgaben und schrittweise Deadlines für Kursarbeiten aus: „Ich brauche diese Kursarbeit in vier Wochen. Wie werdet ihr diese Zeit zwischen dem ersten, zweiten und dritten Quadranten aufteilen?" und „Wann glaubt ihr, wird diese Hausarbeit dem ersten Quadranten zugeordnet werden können?"
» Gemeinsame Planung größerer Projekte mit den Schülern.
» Bezugsrahmen für Konversationen, z. B.: „Carl, du hältst dich im vierten Quadranten auf."

Die Stimme der Schüler

Wenn man Schülern beibringen möchte, selbstbestimmt Entscheidungen zu treffen, muss man ihnen auch eine Stimme in Bezug auf das „Wie" des Unterrichts geben. Schülermeinungen über die Qualität ihrer Lehrer sind im Internet fest etabliert. Durch heimliche Aufnahmen während des Unterrichts oder über Portale wie www.spickmich.de oder www.schule.net sowie Netzwerke im Stile von Stayfriends, SchülerVZ oder Facebook können Ihre Schüler die Qualität Ihres Unterrichts öffentlich bewerten, anonym und ohne Angst vor Bestrafung. Warum sollen wir dies nicht aufgreifen und den Schülern eine Möglichkeit bieten, uns ein vertrauliches Feedback zu geben, und damit Prozesse gestalten, die für Lehrer und Schüler gleichermaßen sinnvoll sind?

> *„Wir leiten eine neue Welt der Verantwortlichkeit ein, in der Eltern, Patienten und Kommunen die verfügbaren Dienstleistungen ausgestalten und sicherstellen, dass all unsere öffentlichen Dienstleistungen nicht nur der Politik verpflichtet sind, sondern der Stimme der lokalen Bevölkerung. […] Menschen finden es selbstverständlich, auf Berichte und Beurteilungen anderer zurückzugreifen, bevor sie etwas bei eBay oder Amazon kaufen; dennoch haben wir bei der Wahl unseres Hausarztes oder einer Kindertagesstätte noch keinen systematischen Zugriff auf Erfahrungen anderer Menschen. Wir befinden uns eindeutig in einer Schieflage, wenn online-Geschäfte über eine größere Transparenz verfügen als öffentliche Dienstleistungen, für die wir bezahlen und die wir unterstützen."*
>
> (Gordon Brown, 2009)

Vermutlich möchten Sie lieber selbst eine Rückmeldung bekommen, bevor jeder x-Beliebige erfährt, was Ihre Schüler von Ihrem Unterricht halten. Dieses Feedback kann nur förderlich sein und es ist, mit wenigen Ausnahmen, auch ausgewogener und fairer als Ihre Selbsteinschätzung. Der Schritt ist riskant und fordert eine große Portion Vertrauen. Effektives Lernen aber erfordert Risikobereitschaft von Erwachsenen und Schülern gleichermaßen.

Lassen Sie sich von Ihren Schülern den Spiegel vorhalten

Bitten Sie Schüler, Ihren Unterricht zu beurteilen. Setzen Sie dazu vertraute Kriterien ein, indem Sie die gleichen Methoden wie zur Beurteilung der Schülerarbeiten verwenden.

Guter Tipp

Geben Sie jedem Schüler am Ende der Stunde einen Stimmzettel oder einen Spielchip und bitten Sie ihn, diesen in einen von drei Behältern zu werfen mit den Aufschriften „Perfektes Tempo“, „Ein bisschen zu schnell für mich“, „Nicht schnell genug“ oder „Tolle Stunde, Danke“, „O.K.“ sowie „Mehr anstrengen“. Für jüngere Kinder können die Texte durch Bilder, Gesichter oder Fotos ersetzt werden, um sicherzustellen, dass die Botschaft richtig verstanden wird.

Sinnvolles Feedback vonseiten der Schüler kann auch eine Bewertung der Eignung von Hausaufgaben anhand einer vereinbarten Skala sein. Die entsprechende Note wird dann unter der Arbeit notiert. Gefragt werden kann z. B.: „Auf einer Skala von 1-6, wie schwer/interessant/fesselnd/nützlich war diese Hausaufgabe?“ Viele Institutionen haben ihren Schülern beigebracht, Unterrichtsstunden auf eine eher formale Art zu beobachten. Hier werden einfache, schülerzentrierte Fragen eingesetzt, die eher der Reflexion denn der Beurteilung des Lehrers dienen. Im Folgenden finden Sie ein Beispiel für einen Beobachtungsbogen für Schüler.

Beispiel für einen Beobachtungsbogen für Schüler

Redezeit Lehrer (Wie lange redet der Lehrer mit der ganzen Klasse?)	**Wie viele positive Bemerkungen macht der Lehrer?** Führe eine Strichliste	**Wie viele negative Bemerkungen macht der Lehrer?** Führe eine Strichliste	**Wie gut hat dir die Stunde gefallen?** Kreise die entsprechende Zahl ein	**Wie gut hat dem Lehrer die Stunde gefallen?** Kreise die entsprechende Zahl ein
	+	–	**1** **2** **3** **4** **5** **6** **7** **8** **9** **10**	**1** **2** **3** **4** **5** **6** **7** **8** **9** **10**

▶▶

Markiere auf diesem Diagramm im Abstand von 5 Minuten, wie motiviert du bist:

10

9

8

7

6

5

4

3

2

1

0 5 10 15 20 25 30 35 40 45 50 55 60

Notiere hier alle Fragen, die du an den Lehrer hast:

Führe drei Dinge auf, die du in der Stunde interessant fandest:

1

2

3

Führe hier einen Aspekt des Unterrichtens auf, der noch verbessert werden muss:

Institutionen, die die Stimme der Schüler wertschätzen, bestärken die Selbstbestimmung, die Sie mit Ihren Schülern in der Klasse aufbauen. Das bloße Sammeln von Schülermeinungen zur Untermauerung von Entscheidungen, die schon von Erwachsenen getroffen worden sind, gibt Schülern nicht wirklich eine Stimme. Die wesentliche Frage lautet: „Warum fragen wir Schüler nach ihrer Meinung?“ Wenn Sie darauf eine Antwort gefunden haben, kreisen die Gedanken um die nächste Frage: „Wie machen wir das?“

Wie und wo kann man Schülermeinungen einholen?

» über die Mentoren der Schüler
» über den Schülerrat
» durch die Betreuung von Gleichaltrigen
» durch Vor-Ort-Befragung
» in einem Besprechungszimmer, in dem Schüler ihre Ansichten unbeeinflusst mitteilen können
» in der Schulkonferenz oder Schülervertretung (SMV)
» durch schülernahe Beiräte
» in Aufenthaltsräumen
» in Internetforen wie www.spickmich.de oder www.schule.net
» durch Schülerumfragen und -fragebögen
» durch Befragungsreihen mit Schülern

Selbstreflexion

„Selbsteinschätzung ist weit entfernt von Luxus; sie ist vielmehr in der Tat ein wesentlicher Bestandteil formativer Beurteilung."

(frei übersetzt nach Paul Black und Dylan Wiliam, 1998)

Selbstbestimmt Lernende beurteilen ihre eigene Leistung, man hat sie gelehrt, dies zu tun. Für die Förderung erfolgreichen Classroom-Assessments muss den Schülern nicht nur die Kompetenz zu produktiver Selbstreflexion vermittelt werden, sondern es muss ihnen auch beigebracht werden, wie man damit umgeht, die negativen Aspekte der eigenen Arbeit ständig zu reflektieren.

Die Vermittlung von Selbstreflexion braucht mehr als die schnelle Aufforderung: „Denkt über das nach, was ihr gemacht habt." Schüler dazu zu ermutigen und machmal auch von ihnen zu fordern, Zeit darauf zu verwenden, sich Gedanken zu machen über ihr Verständnis, ihr Ergebnis, ihre Leistung und ihren Misserfolg, bedeutet, ihnen die Kompetenzen zu vermitteln, die erfolgreiche Lernende täglich einsetzen.

Selbsterkenntnis entspricht Howard Gardner's intrapersonaler Intelligenz (Gardner, 1993). Menschen, die eine hohe intrapersonale Intelligenz entwickelt haben, haben ein gutes Gespür für sich selbst und ihre Fähigkeiten als Lernende. Leistungsbeurteilung mit Schülern, die sich zur Bemessung ihres Fortschritts beständig auf die Meinung des Lehrers sowie anderer Schüler verlassen, ist ein einspuriger Prozess. Wenn Erziehung Schüler auf die Erwachsenenwelt vorbereiten soll, müssen sie lernen, sich auf sich selbst zu verlassen, auf die eigene Beurteilung ihres Fortschritts. Und sie brauchen etablierte Rituale, die ehrliche, vernünftige und reflektierende Gedanken hervorbringen. Schüler, die von Ihrer Zustimmung abhängig bleiben, werden in der Arbeitswelt keinen entsprechenden Nachfolger finden. Man kann sich nicht darauf verlassen, dass Arbeitgeber gleichmäßig austarierte Reflexionen bezüglich der Leistung durchführen.

Es gibt viele Schüler, die Selbstreflexion noch nie praktiziert haben, einige, bei denen sie von zuhause aus verhindert wird, und viele, die so hart und mit einem solch hohen Tempo arbeiten, dass sie meinen, keine Zeit dafür zu haben.

Ein Ritual, das Schülern aller Altersklassen beigebracht werden kann, ist Naikan, eine japanische Methode der Selbsterkenntnis (Krech, 2003). Durch deren Einsatz können Sie an der Seite ihrer Schüler Selbstreflexion anwenden und fördern.

Bitten Sie die Schüler, über die folgenden drei Fragen nachzudenken und dazu jeweils persönliche Listen anzufertigen: „Was hast du heute von anderen erhalten?“, „Was hast du anderen heute gegeben?“ sowie „Welche Probleme und Schwierigkeiten hast du anderen heute gemacht?“ Es ist dabei wichtig, eher konkret denn verallgemeinernd vorzugehen. Anstatt also z. B. aufzuschreiben, dass man heute Nahrung erhalten hat, notiert man die einzelnen Lebensmittel, die man bekommen und gegessen hat. Man notiert auf der Liste auch Punkte, die einem trivial erscheinen, oder Dinge, die man jeden Tag erhält; es ist wichtig, gerade solche Dinge zu bemerken und aufzuführen.

Ausgewogene Selbstreflexion ist von zentraler Bedeutung für eine gute mentale Gesundheit. Unsere Gewohnheiten bei der Selbstreflexion verhindern manchmal produktive Gedankengänge. Manche Menschen bewerten ihre eigenen Bemühungen und Leistungen zu hoch, andere konzentrieren sich gewohnheitsmäßig auf das, was schief gelaufen ist. Einfache Strukturen aber funktionieren gut, bleiben leicht im Gedächtnis und vermitteln bessere Gewohnheiten. Bitten Sie die Schüler, die folgenden drei Fragen in Bezug zu einem Fach, einer Beziehung oder einem Kontext zu setzen:
» Was hat mir mein Lehrer/das Erlernen der französischen Sprache/meine Zeit auf der Schule gebracht?
» Was habe ich meinem Lehrer/dem Fachbereich/der Schule gegeben?
» Welche Probleme und Schwierigkeiten habe ich meinem Lehrer/anderen Schülern/den Schulangestellten bereitet?

Farbige Denkhüte

Eine weitere Möglichkeit zur Selbstreflexion bieten de Bonos farbige Denkhüte (de Bono, 1986). Die Hüte repräsentieren sechs Denkweisen und bieten eine gute Möglichkeit, Schüler zur Überprüfung ihrer Leistung oder Idee aus verschiedenen Blickwinkeln anzuregen.

Roter Hut

Er steht für Intuition, Gefühle und Stimmungen, er fordert keine Begründungen. Das Gefühl kann unmittelbar und die Logik fadenscheinig sein! Er erlaubt dem Denkenden, seine aktuellen Gefühle zum Thema zum Ausdruck zu bringen: *„Wie empfinde ich es im Moment?“*

Gelber Hut
Dies ist der logische und positive Hut. Er kann eingesetzt werden, um sich im Vorfeld mit einem gewünschten Ergebnis auseinanderzusetzen oder im Nachhinein den Nutzen zu beurteilen: *„Wie wird es funktionieren und welche Vorteile wird es bringen?“*

Schwarzer Hut
Dies ist der Hut der Begründung und Vorsicht. Das Denken unter dem schwarzen Hut ist logisch: *„Warum passt der Vorschlag nicht zu den Fakten/verfügbaren Erfahrungen/dem verwendeten System/dem zugrunde liegenden Grundsatz?“*

Grüner Hut
Dies ist der Hut der Kreativität, der Alternativen, Vorschläge, unterschiedlichen und neuen Ideen, der Herausforderung und des Querdenkens: *„Wie kann diese Idee modifiziert werden, um sie zu verbessern?“, „Welche anderen Wege führen zu demselben Ziel?“*

Weißer Hut
Dieser Hut steht für Fakten, Zahlen, Informationsbedürfnisse und -lücken: *„Welche Informationen haben wir, welche brauchen wir und wo können wir sie bekommen?“, „Lasst die Argumente und Vorschläge links liegen und betrachtet die Fakten!“*

Blauer Hut
Dies ist der Hut des Überblicks und der Kontrolle. Es soll nicht das Thema an sich betrachtet werden, sondern die Überlegungen bezüglich der Frage (Metakognition): *„Wie haben wir bisher gedacht und welche Art zu denken sollten wir verstärkt einsetzen?“*

Versuchen Sie es damit

- Während im Hintergrund Musik läuft, haben die Schüler zwei Minuten lang Zeit zur Selbstreflexion.
- Gerichtete Selbstreflexion: Man soll drei Dinge auflisten, die man gut gemacht hat, und eins, an dem man noch arbeiten muss; oder bitten Sie die Schüler: „Bereitet euch darauf vor, eurem Partner einen Gedanken zu erzählen, den ihr während der zweiminütigen Selbstreflexionsphase hattet.“
- Es sollen Bilder oder Diagramme zum Arbeitsfortschritt gestaltet werden: Diese können individuell auf selbstklebenden Zetteln, in einem Bildertagebuch oder mithilfe einer großen Rolle Papier, auf die alle Schüler mit Filzstift schreiben, entstehen.
- Schlagen Sie unterschiedliche Kontexte vor: Gestalten Sie eine Selbstevaluation, die einem zukünftigen Arbeitgeber ausgehändigt oder einem Großelternteil gezeigt werden kann.

Zur Strategie

Beantworte diese Frage

Wir können die Schüler ihrer Selbstbestimmung berauben, indem wir regelmäßig versuchen, ihre Probleme zu lösen, ihnen ungefragt Ratschläge zu geben und für sie zu denken. Manche Fragen brauchen eine Antwort und viele brauchen eine weitere Frage.

Viele von uns haben die Erfahrung gemacht, in einer Eins-zu-Eins-Situation mit einem Schüler zu arbeiten und dabei Fragen zu beantworten, die der Schüler im Nachhinein betrachtet selbst hätte beantworten können. Die Verständnislücken zu schließen scheint in diesem Moment sinnvoll zu sein, kann aber eine ungesunde Abhängigkeit vom Lehrer als Problemlöser anstatt als Unterstützer fördern. Es ist schwierig, hier die Balance zu finden, vor allem wenn Ihr neuer „Freund" der Meinung ist, dass ihm alle Antworten auf dem Silbertablett serviert werden. Wenn Sie den Eindruck haben, in eine Dynamik abzugleiten, in der Sie derjenige sind, der dem Schüler alle Fragen beantwortet, dann wird es Zeit, eine andere Richtung einzuschlagen.

Die erforderlichen Kompetenzen dafür werden heutzutage für gewöhnlich unter dem Oberbegriff „Coaching" zusammengefasst (Früher wurden sie im Zusammenhang mit gutem Unterrichten aufgeführt!). Wirken Sie unablässiger Fragerei eher durch Reflexion als durch Ratschläge entgegen. Sie entwickeln damit bewusst eine Gesprächsform, die den Schülern Verantwortung zurückgibt:

Kommentar des Schülers	**Antwort des Lehrers**
„Meine Tabelle ist Mist, machen Sie das für mich."	„Was könntest du tun, um diesen ersten Teil zu verbessern?"
„Was schreibe ich hier rein?"	„Sag mir doch einfach, was du denkst."
„Sagen Sie mir die Antwort."	„Ich brauche dabei vielleicht deine Hilfe. Kannst du … vergleichen?"
„Warum muss ich das machen?"	„Kannst du … beschreiben?"
„Mir ist langweilig/Ich bin müde/total gestresst. Können Sie das für mich machen?"	„Wie wäre es, wenn du deine Ideen neben meine schreibst?"
„Ich verstehe gar nichts."	„Kannst du mir eine Stelle zeigen, wo das so ist?"
„Können Sie mir das vorlesen?"	„Vielleicht kannst du mir sagen, welches Wort du verstehst?"

Sie fördern damit mit und für die Schüler metakognitive Fähigkeiten. Genau diese Fähigkeiten werden diesen später helfen, mit den Frustrationen des Lernens umzugehen und sie zu bewältigen. Sie werden zunächst dazu auffordern müssen, später werden die Schüler dann beginnen, metakognitive Fragen und Vorgehensweisen selbst anzuwenden. Die Kunst ist es, zu wissen, wann man den Spiegel hochhalten, Richtungen vorgeben oder das Kissen für eine sanfte Landung hervorholen muss.

Aus der Praxis

Die dreigeteilte Unterrichtsstunde ist kein Rezept für eigenverantwortliches Lernen

Die besten Unterrichtsstunden sind nicht in drei Abschnitte gegliedert und folgen nicht notwendigerweise einer anerkannten Theorie, wie und wann Schüler lernen. Intelligente Lehrer wissen, dass sie Lernen nicht kontrollieren können. Sie entscheiden sich, ihre Aufmerksamkeit auf das zu richten, was sie kontrollieren können: Die Art, wie sie lehren. Gute Lehrer zeigen das Lernen eher auf, als dass sie es voraussagen, sie sind flexibel, haben aber eine klare Vorstellung und setzen nie voraus, dass irgendjemand etwas gelernt hat.

Business-Präsentationsratgeber für die dreigeteilte Unterrichtsstunde werden offenbar in großem Stil verkauft. Das Business-Mantra lautet: „Sagen Sie Ihrem Publikum, was Sie ihm sagen werden, sagen Sie es ihm und bitten Sie es anschließend, zu wiederholen, was Sie gesagt haben." Das könnte ein einfaches Modell für das Unterrichten sein, aber es ist weder ein effektives noch ein auch nur im Geringsten spannendes Modell für das Lernen oder die Beurteilung von Lernen. Oft wird es im Unterricht umgesetzt im Sinne von Ziele abstecken, Aktivitäten durchführen, im Plenum besprechen. Oder auch: „Das bringe ich auch gleich bei – jetzt lernt ihr es – wisst ihr noch was ich euch beibringen wollte?"

Der dreigeteilte Unterrichtsplan scheint als einzig „korrekter" Weg, eine Stunde zu strukturieren, allgemein akzeptiert zu sein. Zu Beginn der Stunde werden die Zielvorgaben an der Tafel festgehalten, anschließend liest der Lehrer sie vor, die Schüler vergessen sie und die Stunde geht weiter. Im abschließenden Plenum werden die Schüler dann an die Zielvorgaben erinnert, während sie sich bemühen, ihr Lernen auf sie zurückzubeziehen. Mitten im Gemurmel von „Oh, das haben wir gemacht?", „Was will er/sie hören?" oder „Das wussten wir vor der Stunde schon." findet sich ein generelles Desinteresse an Zielvorgaben und eine Fülle von Lippenbekenntnissen, die im Überfluss wiederholt worden sind: „Heute habe ich wieder einmal gelernt, dass Lehrer an dem interessiert sind, was sie vermitteln wollen und nicht an dem, was ich gerne lernen würde." Intelligente Schüler können das Muster unterwandern, indem sie die Zielvorgaben bemerken, die Ergebnisse voraussagen, sich durch die Stunde schiffen und am Ende korrekt auf die Fragen antworten.

Das System scheint geschaffen worden zu sein, um eine kleine Minderheit, die unfähig ist, ihrem Unterrichten Struktur zu geben, unter Zugzwang zu setzen. Es ist nicht zur Unterstützung der großen Mehrheit der Lehrer gemacht, die dazu mehr als fähig sind, oder der großen Mehrheit der Schüler, die kein formales Unterrichten brauchen, um zu lernen.

▶▶

Wir sollten nie vergessen, dass es einmal eine Zeit gab, zu der Zielvorgaben am Anfang einer Stunde nicht immer offengelegt wurden. Eine Zeit, in der wir akzeptierten, dass Lernen länger dauerte, wenn es nicht nur in eine einzelne Stunde, sondern in einen längeren Zeitrahmen eingebettet war. Hervorragende Lernergebnisse lassen sich sehr gut durch Vorführen, Erforschen und Entdecken erzielen. Schüler gefahrlos Erfahrungen machen zu lassen, ihnen ein schönes Gedicht vorzulegen, sie mit angewandter Wissenschaft zu überraschen oder mit einem rein mathematischen Rätsel zu konfrontieren – das hinterlässt einen bleibenden Eindruck und ermöglicht nachhaltiges Lernen. Es macht das Unterrichten auch zu einem Privileg. Es wird gelernt werden, auch ohne Vorhersagen, Vorbereitung, Erklärungen, Zielvorgaben und Ergebnisse. Nicht in einer vorherbestimmten Quote oder in der von anderen beschriebenen Reihenfolge, aber es wird stattfinden. Sie werden vielleicht nicht alles quantifizieren und jeden zufriedenstellen können, der sich in Ihre Lehrtätigkeit einmischt, aber das macht sie nicht weniger wertvoll, nützlich, unterhaltsam und produktiv. An welchem Punkt fangen wir den Ball und hören auf, ein Spiel zu spielen, an das wir nicht glauben? Und wann fangen wir an dagegen zu protestieren, dass die Regeln nicht im Interesse der Schüler sind? ◄

Guter Tipp

Verschieben Sie Ihren Fokus – gutes Unterrichten baut auf Schüler, die Ihnen sagen, was sie gelernt haben und wann sie es gelernt haben. Verzichten Sie auf die abschließenden Plenumssitzungen, PowerPoint-Präsentationen zu den Lernerfolgen und „Was wir gelernt haben“-Rituale und nutzen Sie die eingesparte Zeit, um zu verstehen, wer etwas gelernt hat und wer Unterstützung braucht.

Schüler lernen gerne auf viele verschiedene Arten. Sie sind nicht interessiert am dreigeteilten Unterrichtsmodell. Sie sind nicht begeistert von Zielsetzungen oder Antworten auf „Heute haben wir ... gelernt“-Fragen. Die Beschränkungen werden der Lehrtätigkeit nicht im Interesse der Schüler oder Lehrer auferlegt, sondern damit andere beurteilen, bewerten, quantifizieren, analysieren und, nicht zuletzt, anhand von Kontrollkästchen prüfen können.

Ich saß einmal in einer Besprechung, in der wir gebeten wurden, die Qualität einer Schule anhand eines Fließtextes zu beurteilen. Am Tisch saßen sechs Prüfer, die sofort und einhellig dagegen protestierten, die Qualität einer Schule ohne ein Blatt mit Kontrollkästchen zu beurteilen. Ich würde hier gerne schreiben, dass ich erstaunt war – aber ich war es nicht. Ich würde gerne schreiben, dass ich sie aufgeklärt habe – ich konnte nicht. Sie wussten, was eine gute Schule ausmacht, aber nur, wenn es neben einem Kästchen stand. Alles andere war einfach nicht relevant.

Lehrpläne, die versuchen, Lernen dadurch zu kontrollieren, dass im Vorfeld gesagt wird, was (und in welcher Zeit) gelernt wird, bringen keine selbstbestimmten Schüler hervor. Sie bringen Schüler hervor, die erwarten, gefüttert zu werden, und Lehrer, die alles mit einem Löffel servieren. Versuchen Sie sich an folgenden Strukturen zu orientieren:

» Anstatt Ihre Zielvorgaben darzustellen, fragen Sie die Kinder, was sie über das Thema wissen, was sie wissen müssen und gerne wissen möchten.
» Decken Sie Ihre Absichten am Ende der Stunde auf. Die Frage: „Was glaubt ihr, wollte ich euch beibringen?“ ist ein viel ehrlicherer Ansatz.
» Verlassen Sie sich nicht auf die Aussagen im Plenum, überprüfen Sie das Verständnis heute, morgen und, in einem Test, in zwei Monaten.
» Probieren Sie alle Theorien über das Lernen aus, verwenden Sie das, was funktioniert, und meiden Sie jeden, der die „Komplettlösung“ feilbietet.
» Begeistern Sie die Kinder für das Lernen, indem Sie an ihre angeborene Fähigkeit, durch Muster zu lernen, anknüpfen: Setzen Sie Reime, Lieder, Wiederholung ein und knüpfen Sie an bereits Gelerntes an.
» Wenn die Zielvorgaben von wesentlicher Bedeutung sind, dann stellen Sie sicher, dass Kinder während der ganzen Stunde darauf Bezug nehmen. „Belohnen“ Sie Schüler, die beginnen, Konzepte/Einstellungen/Kompetenzen zu verstehen, jedes Mal mit einem Häkchen/Aufkleber/Smiley/Stempel.
» Stellen Sie Vorlagen in Frage, die eher auf kurzfristige Wiedergabe denn auf langfristige Speicherung zielen.
» Hören Sie auf, anderen Menschen Ziele zu stecken, das ist Zeitverschwendung. Investieren Sie Zeit, indem Sie Ziele mit den Kindern absprechen und individuelle Selbstbestimmung und Verantwortung für das Lernen fördern.

Geeignete Vorgehensweisen für die Primarstufe und die Sekundarstufen

Primarstufe

Tägliche Mantras

Kreieren und proben Sie Mantras für die Klasse und mit ihr, zum Beispiel aus dem japanischen Reiki: „Nur heute ... ärgere dich nicht, sorge dich nicht, sei dankbar, arbeite mit Hingabe, sei freundlich zu anderen Lebewesen.“

Reflexion

Folgende einfache Fragen können bei jüngeren Schülern im Hinblick auf Selbstreflexion eingesetzt werden: „Was habe ich gemacht, was muss ich jetzt machen, was brauche ich sonst noch?“, „Was hat geklappt? Warum?“, „Was hat nicht geklappt? Warum?“, „Woran erinnert mich diese Situation?“, „Wie kann ich diese Erfahrung nutzen?“, „Wie passt diese Erfahrung zu anderen Situationen, die ich erlebt habe? Was kann ich aus dieser Situation lernen?“, „Was würde ich mit meinem jetzigen Wissen nächstes Mal anders machen?“

Zeichen und Symbole
Verwenden Sie Gesichter, die die Schüler anregen, Fragen zu stellen: Lachende Gesichter stehen für etwas, worüber ich mich freue, sorgenvolle Gesichter für etwas, über das ich mir Sorgen mache, und fragende Gesichter für etwas, das ich vergessen habe, etc.

Verantwortung
Überlegen Sie, auf welche Weise Sie bei den Schülern Verantwortung für das Lernen entwickeln können – so, wie Sie Verantwortung für die Organisation des Raumes und der Mittel übergeben. Gibt es Zeiten, in denen Schüler, die schon fertig sind, Schülern helfen können, die Probleme haben? Haben die Schüler die Gelegenheit, eine leitende Rolle in der Planung der Präsentation, der Auflistung von Erfolgskriterien, beim Feedback für andere Gruppen oder in der Klassendiskussion zu übernehmen?

Sekundarstufe I

Zeit investieren
Nehmen Sie sich Zeit, Ihre Schüler für ihr Lernen und ihre Leistungsbeurteilung verantwortlich zu machen, es wird sich auszahlen. Die Übernahme der Kontrolle über die Beurteilungen mag zunächst scheinbar schneller zu Ergebnissen führen, stellt Sie aber vor das Problem der exakten Beurteilung großer Schülergruppen, die Sie vielleicht nur ein- oder zweimal in der Woche sehen. Sobald Ihre Schüler gelernt haben, bei der Leistungsbeurteilung auf Arbeitsebene eine leitende Rolle zu übernehmen, werden Sie mehr Zeit damit verbringen, das Unterrichten zu genießen und weniger Zeit damit, Papier hin- und herzuschieben oder auf der Tastatur herumzuhacken. Verlagern Sie das Gewicht von der persönlichen Organisation zur Organisation des Lernens. Treten Sie entschlossen gegenüber Menschen auf, die einer Verantwortung und Selbstbestimmung beim Lernen eher ablehnend gegenüberstehen. Geben Sie Verantwortlichkeiten weiter.

Zeitmanagement vermitteln
Verlagern Sie die Verantwortung zurück zu den Lernenden. Überprüfen Sie deren Arbeits- und Stundenpläne und leiten Sie sie nach Bedarf. Stellen Sie sicher, dass jeder Schüler einen Kalender (in Papier- oder digitaler Form) für Aufzeichnungen und Planungen nutzt. Tragen Sie die kritischen Deadlines ein und nehmen Sie sich Zeit, die entsprechenden Konsequenzen bei Nichteinhaltung aufzuzeigen. Planen Sie auf dem Weg zu kritischen Deadlines Kontrollpunkte ein. Teilen Sie in der Klasse die Verantwortung für das Einhalten der Zeit und das Verhandeln zeitlicher Rahmen für Arbeiten.

Arbeiten verbessern
Schlagen Sie feste Rahmen für die Planung, Ausgestaltung oder den Feinschliff von Arbeiten vor, versuchen Sie zu forschen, planen, skizzieren, überdenken, neu zu skizzieren, Feedback zu bekommen, fertigzustellen. Präsentieren Sie in den verschiedenen Phasen Beispiele der Arbeit, ergänzt durch Mind-Maps mit Ideen sowie Fotografien der beteiligten Schüler.

Erwartungen wecken

Manchen Lehrern genügt im Hinblick auf die Förderung von Selbstbestimmung der Gedanke: „Recherchiert das im Internet." Ermuntern Sie Ihre Schüler im Rahmen des Projektes ihren eigenen Interessen nachzugehen und unterstützen Sie sie bei der Recherche, sodass sie nicht auf Glückstreffer oder Geschicklichkeit im Umgang mit Suchmaschinen angewiesen sind.

Gruppenarbeit

Vereinbaren und präsentieren Sie für alle sichtbar die Abläufe für erfolgreiche Gruppenarbeit. Verbannen Sie Gespräche über das Wochenende, Fußball oder Chelseas Haarpracht, indem Sie gemeinsam mit den Schülern klare Grenzen stecken. Vermitteln und verstärken Sie die neuen Vereinbarungen positiv; bestätigen Sie das, was die Schüler gut machen, anstatt darauf zu warten, dass sie die Grenzen überschreiten. Die Schüler sollen Gruppenregeln gemeinsam aufstellen, jeder soll sich angemessen einbringen und seinen Beitrag zu einer riesigen Ideenlandkarte beitragen können.

Sekundarstufe II

Stichpunkte

Bitten Sie die Schüler, für jede Stunde drei einfache Stichpunkte zu notieren, entweder digital auf der Lernplattform oder als einfachen Kalendereintrag oder als Tweet oder Notiz auf dem Handy. Dabei kann es sich um Fragen, weiterführende Gedanken, denen nachgegangen werden sollte, gut verstandene Teile der Arbeit etc. handeln. Betrachten Sie die Aufzeichnungen am Ende des Monats rückblickend – zeigen Sie damit Fortschritte auf und feiern Sie Erfolge.

Hausaufgaben und Selbststudium

Gestatten Sie den Schülern, ihre Hausaufgaben selbst zu organisieren, indem Sie ihnen mehrere Möglichkeiten anbieten. Sie können ihnen für die Dauer eines Halbjahres die Wahl zwischen 12 kurzen Arbeiten, acht Arbeiten mittleren Umfangs oder vier längeren Aufgaben lassen. Die Ergebnisse sind möglicherweise recht ähnlich – aber die Schüler haben einen Überblick über die zu bewältigende Arbeit und die Wahl, wie sie ihre Zeit organisieren.

Übung

Versuchen Sie diese Übung mit Ihren Schülern, um sie an den Gebrauch von de Bonos 6-Hüte-Methode (de Bono, 1986) zu gewöhnen.

Behauptungen

Diskutieren Sie die folgenden Behauptungen im Hinblick auf de Bonos verschiedene Denkansätze. Testen Sie individuelle Diskussionen oder Gruppendiskussionen, zeitlich begrenztes Brainstorming in der Gruppe, das Zusammenfassen von Gedanken zu jedem Denkansatz oder bitten Sie die Schüler, eigene Behauptungen aufzustellen, die anderen Gruppen zur Vorbereitung auf eine Diskussion zu zwei Standpunkten dienen können.

▸▸

Primarstufe

Recycling ist Zeit- und Geldverschwendung. Wir alle sollten unseren Müll einfach in eine schwarze Tüte und dann in ein Erdloch stecken.

Sekundarstufe I

Werbung für die Zielgruppe Kinder sollte verboten werden. Kinder sind nicht reif genug, die Tricks der Werbebranche zu verstehen.

Sekundarstufe II

Die Gesetzgebung der Gesundheits- und Innenpolitik steht erfolgreicher Arbeit im Weg. Die staatliche Regulierung von Gesundheits- und Sicherheitsfragen sollte abgeschafft werden, Individuen sollten für ihre eigene Sicherheit verantwortlich sein.

Hutfarbe	Überlegenswertes	Antwort des Hutes
Rot	Welche Gefühle verbinde ich mit diesem Gedanken? Was fühle ich im Moment? Welche Gefühle, Ahnungen, Intuition habe ich bei diesem Gedanken?	
Gelb	Was sind die Nutzen, Werte und Vorteile dieses Gedankens? Was sind die logischen, positiven Punkte? Was ist gut an diesen Vorschlägen?	
Schwarz	Welche Punkte gebieten Vorsicht? Was sind die Nachteile? Welche potenziellen Probleme gibt es? Was kann misslingen? Was sind folgerichtig die negativen Punkte? Welche Schwierigkeiten sind mit der Frage verbunden?	
Grün	Wie kann die Idee abgeändert werden, um sie zu verbessern und offensichtliche Fehler zu entfernen? Wie können wir einige der Schwierigkeiten überwinden, auf die wir bei der Betrachtung aus dem Blickwinkel des schwarzen Hutes aufmerksam wurden? Gibt es alternative Wege, um dieselben Zielvorgaben zu erreichen? Welche kreativen Ideen haben wir in diesem Bereich?	
Weiß	Welche Fakten und Abbildungen sind brauchbar für diese Idee? Welche Informationen brauchen wir? Welche Informationen haben wir?	
Blau	Wie haben wir über unsere Überlegungen gedacht? Wo stehen wir jetzt? Wohin gehen wir als nächstes? Welchen Denkansatz sollten wir als nächstes verfolgen?	

◀

Übung

Überlegen Sie während der folgenden Unterrichtswochen, wie viel Selbstbestimmung Sie Ihren Schülern zugestehen können. Notieren Sie Ihre Fortschritte mithilfe der folgenden Tabelle.

Diese Woche werden meine Schüler ...	Tag	Gruppe
die Anordnung/Gestaltung der Tische und Stühle absprechen.		
den Raum einrichten, die Möbel umstellen.		
einen Teil der Hilfsmittel für die Stunde bereitstellen.		
die Hilfsmittel verteilen.		
ihre eigenen Fragen und ihre eigenen Antworten generieren.		
mir ihr Verständnis anhand eines vereinbarten Vorgehens mitteilen.		
weniger Fragen, aber mehr Zeit zum Nachdenken über die Antworten haben.		
sich mit strukturierter Selbstreflexion beschäftigen.		
die Ausrüstung und die Zeiteinteilung ihrer eigenen Gruppe organisieren.		
reflexive Gedanken in Tagebüchern/Blogs/Büchern aufzeichnen.		
Deadlines für Hausaufgaben sowie Konsequenzen für die rechtzeitige sowie verspätete Abgabe aushandeln.		
kleine Gruppen- und/oder Klassendiskussionen leiten.		
gefragt werden, was sie über ein Thema wissen, bevor es ihnen vermittelt wird.		
ein Schaubild mit Ideen präsentieren.		
eingeteilt werden, einen Beitrag zu einem Schaubild zu leisten oder dieses zu pflegen.		
Erwartungen hinsichtlich einer Aufgabe aushandeln.		
Erfolgskriterien für eine Aufgabe vereinbaren.		
ihre eigene Lernlandkarte kreieren oder etwas zu dieser beitragen.		
zum Unterricht einer kleinen Gruppe oder der Klasse beitragen.		
Entscheidungen treffen bezüglich der für Arbeiten benötigten Zeit.		
das Klassenzimmer aufräumen.		
konstruktives Feedback zum Unterricht geben.		
mir sagen, was sie gelernt haben.		

Denkanstöße

» Wie viel Verantwortung tragen Ihre Schüler für das Lernen?

» Welche Aspekte der Zeitplanung können Sie mit Ihren Schülern aushandeln?

» Welches ist Ihre vorherrschende Rolle als Lehrer: Direktor? Vermittler? Mentor? Coach? Zuschauer?

Zusammenfassung

Durch Einschränkung der individuellen Selbstbestimmung geben wir Schülern nur wenig Verantwortung für ihr Lernen. Wir nehmen ihnen die Verantwortung ab und schaffen uns damit selbst mehr Arbeit. Die höhere Erwartung an Schüler, ihr individuelles Lernen zu organisieren und zu entwickeln, führt zu Klassen, in denen der Lehrer eher einen Überblick denn die absolute Kontrolle über die Leistungsbeurteilung hat. Ein Lehrer hat schon genug verschiedene Rollen, auch ohne Richter, Jury oder einziger Sachverständiger für Beurteilungen zu sein.

Auf einen Blick

- Die Förderung und die Verankerung selbstbestimmten Lernens kann grundlegende qualitative Veränderungen der Leistungsbeurteilung in der Klasse bewirken.
- Im Arbeitsleben ist Selbstbestimmung von zentraler Bedeutung für die Motivation. Bei Schülern ist das genauso.
- Individualisierter Unterricht ist unmöglich, solange die Kontrolle über das Lernen beim Lehrer verbleibt.
- Warum liegt das Zeitmanagement in meinem Verantwortungsbereich, wenn meine Schüler darin viel besser sind als ich?
- Sowohl Lehrer als auch Schüler können Strategien erlernen, effektiver mit ihrer Zeit umzugehen.
- Sie möchten vermutlich lieber selbst eine Rückmeldung bekommen, bevor jeder x-Beliebige erfährt, was Ihre Schüler von Ihrem Unterricht halten.
- Ausgewogene Selbstreflexion ist von zentraler Bedeutung für eine gute mentale Gesundheit von Schülern und Lehrern.
- Die farbigen Hüte und das Denken aus verschiedenen Perspektiven unterstützt Schüler dabei, Kontrolle über ihr Lernen zu gewinnen.

Websites

Edward de Bono: www.edwarddebono.com, http://paedpsych.jk.uni-linz.ac.at/internet/arbeitsblaetterord/lehrtechnikord/sechhut.html

Naikan-Methode: www.naikan.com

Fachliteratur

Black, P. und Wiliam, D. (1998): Inside the Black Box. GL Assessment

Covey, S.R. (2005): Die 7 Wege zur Effektivität. Prinzipien für persönlichen und beruflichen Erfolg. Offenbach: GABAL Verlag GmbH

▶▶

de Bono, E. (1986): Das Sechsfarben-Denken: Ein neues Trainingsmodell. Berlin: Econ

Gardner, H. (1993): Frames of Mind: The Theory of Multiple Intelligences, 2nd ed. Fontana Press

Holt, J. (1990): Why Children Fail. Penguin

Krech, G. (2003): Die Kraft der Dankbarkeit. Die spirituelle Kraft des Naikan im Alltag. Berlin: Theseus ◀

Wo stehen wir?

Der Assessment-Baum

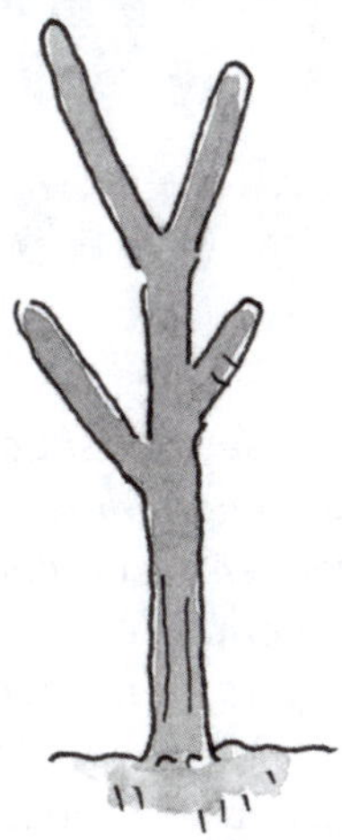

Wenn Selbstbestimmung gefördert wird und sich die Kompetenz der individuellen Leistungseinschätzung entwickelt, gewinnt der Baum an Struktur und wächst stark. Die Schüler wachsen und entwickeln neue Ideen und Richtungen.

Kapitel 3

Metakognition vermitteln oder: „Wissen, dass du etwas weißt!“

„Diese Landkarte war das Protokoll unserer Ausflüge, und jedesmal, wenn wir zurückkehrten, ergänzten oder berichtigten wir sie. Es war eine – wenngleich grobe – Darstellung dieser Gegend. Wir schätzten sie als eine Gesamtdokumentation unserer Unternehmungen. Außerdem aber – betrachtet man die Sache nicht rückblickend, sondern vorausschauend – gab die Karte Kunde von unseren Erwartungen, mit denen wir uns, immer aufs Neue, dieser Gegend zuwandten. Mithilfe der Karte konnten wir hoffen, zielstrebiger und verständiger vorwärtszukommen.“

(frei übersetzt nach James Britton, 1970)

In diesem Kapitel erfahren Sie etwas über

- die Möglichkeit, wie Sie mit kleinen Änderungen in Ihren Vorgehensweisen zur Förderung und Verankerung metakognitiven Denkens und metakognitiver Prozesse beitragen können
- Methoden, um die Kriterien zur Erfolgsbemessung gemeinsam zu nutzen
- Aktivitäten, die Schülern aller Altersklassen die Möglichkeit zur tieferen Reflexion über ihr Lernverhalten bieten

Metakognition ist nicht nur ein tolles Wort, sondern auch der Kern aller Lerntheorien. Von Howard Gardner bis Edward de Bono, von Vygotsky bis Britton, von NLP bis Accelerated Learning ist das zentrale Thema immer das gleiche. Ein besseres Verständnis unseres Denk- und Lernverhaltens hilft uns, unser Denken und Fragen präziser und zielgerichteter zu lenken. Es hilft uns, zu wissen, was wir wissen und, im Umkehrschluss, zu wissen, was wir nicht wissen.

Konstruktive Leistungsbeurteilung ist auf die metakognitiven Fähigkeiten von Lehrern und Schülern angewiesen. Metakognition verweist auf höhere Denkprozesse, was die aktive Kontrolle der kognitiven Lernprozesse beinhaltet. Tätigkeiten, wie die Planung im Hinblick auf das Erreichen eines vorgebenen Lernziels, die Vereinbarung von Erfolgskriterien, Verständniskontrollen sowie die Bemessung von Fortschritten im Hinblick auf die Fertigstellung einer Arbeit, sind vom Wesen her metakognitiv.

In Klassen, die in metakognitiven Prozessen geübt sind, sind die Schüler fähig, Ihnen ungefragt ihre aktuelle Leistungsstufe oder das entsprechende Verständnisniveau mitzuteilen. Sie sind mit dieser Information zurückhaltend, nicht, weil sie Besucher nicht damit beeindrucken wollen, sondern weil sie geübt darin sind, ihren Fortschritt richtig einzuschätzen.

Messwahn

Metakognitive Fragen werden oft gegen Ende der Stunde gestellt und kreisen meist um die Frage: „Was haben wir gelernt?" Die geforderten Rückmeldungen sind häufig abgedroschen und haben das Ziel, den Lehrer zufriedenzustellen, weil die Schüler den Raum verlassen und mit ihrem Tagwerk fortfahren wollen. In Wirklichkeit aber findet Lernen nicht in Zeitfenstern von 30, 45 oder 60 Minuten statt.

Sehr zur Enttäuschung der Schulaufsichtsbehörden passt Lernen nicht in die entsprechenden Kriterien der Kontrollkästchen. Als Lehrer könnten wir die Ergebnisse fälschen. Wir können die Stunden bei Unterrichtsbesuchen so gestalten, dass alle gleichzeitig ihren persönlichen „Aha!"-, „Heureka!"- oder „Ich werd' verrückt!"-Moment erleben. Wir können so tun, als könnte Lernen in 45 Minuten stattfinden, aber wir wissen, dass es sich hierbei nur um ein Spiel für die Zuschauer handelt. Wenn die Beobachter samt ihrer Klemmbretter gegangen sind, atmen wir erleichtert auf und wenden uns wieder dem wirklich differenzierenden Lernen zu. Manchmal bin ich in einer Unterrichtsstunde zufrieden, wenn ich die Schüler dazu gebracht habe, sich an einem Tagesordnungspunkt oder Thema zu beteiligen, über einen Aspekt allgemeiner nachzudenken oder ein Gespür für eine Debatte zu entwickeln. Ich möchte, dass meine Schüler Gedanken in andere Stunden mitnehmen, aber ich werde sie nicht anlügen und so tun, als sei jede Stunde eine schöne, kompakte „Lernerfahrung" (über solche Phrasen will ich gar nicht erst reden).

Die Schulaufsicht erwartet, dass Fortschritt (ihre Definition von Lernen) innerhalb von 45 Minuten demonstriert werden kann, dies steht aber im Widerspruch zu dem, was wir über das Lernen wissen. Lernen ist mehr, als bloßer Abruf von Wissen im Klassenverband. Es wird nicht nachgewiesen durch den Gebrauch des richtigen Schlüsselbegriffs zur richtigen Zeit oder das Nachplappern von Zielvorgaben. Es ist nicht linear, vorhersehbar oder gar vollständig erforscht. Es ist falsch, die Vorstellung zu bestärken, wir könnten kontrollieren, wann und wie Kinder lernen; das ist nicht ehrlich. Unterrichten wird auf Absolutheiten reduziert: „Folgendes werdet ihr in den kommenden 30 Minuten lernen." Wir meinen aber eigentlich: „Folgendes werde ich innerhalb der kommenden 30 Minuten versuchen, euch beizubringen." Um etwas im Langzeitgedächtnis zu verankern, braucht man mehr als eine einzelne Schulstunde. Wenn Informationen und Verständnis im Langzeitgedächtnis verankert werden sollen, müssen Schüler 90 Minuten nach Ende der Unterrichtsstunde das Gelernte erneut wiederholen, ebenso am Folgetag und vielleicht noch einmal zwei Wochen später. Sie müssen das Erinnerte ausschmücken, diskutieren und neu untersuchen dürfen. Für das Kurzzeitgedächtnis wird wiederholt, um zu erinnern, für die Nachhaltigkeit ist es wichtig, zu erinnern, um zu wiederholen.

Das beharrliche Füllen des Kurzzeitgedächtnisses hat für das langfristige Lernen keine Bedeutung. Anstatt eines Plenums am Ende der Stunde sollten Stunden veschachtelt werden, um Lehrern die gegenseitige Durchführung von Plenumssitzungen zu ermöglichen.

Wenn wir so tun, als hätten wir die Kontrolle über das Lernen, bewegen wir uns weiter auf dem Weg der datenbasierenden, völlig vorhersehbaren und verallgemeinernden Methoden. Hüten Sie sich vor dem Monster „Lerneinheit". Es wird versuchen, Sie zu überzeugen, dass Lernen quantifizierbar ist. Es wird Ihnen Ihre Seele stehlen und sie ohne Wimpernzucken durch „Kompetenzen" ersetzen.

Metakognitive Gewohnheiten und Rituale

> *„Kinder müssen nicht nur lernen, was sie erforschen, sie müssen auch lernen, wie sie erforschen und dadurch zu selbstsicheren, selbstdisziplinierten Individuen werden, fähig, einen lebenslangen Prozess des Erlernens von Wissen, Fähigkeiten und Verstehen zu durchschreiten, welche die Bausteine des Sekundarschulbereichs und des späteren Lebens ausmachen. [...] Mentales Kapital kann durch den Gebrauch metakognitiver Strategien verbessert werden. [...] Metakognitive Fähigkeiten können schon sehr kleinen Kindern vermittelt werden."*
>
> (Rose 2009)

Lassen Sie uns eine Revolution starten, indem wir einige kleine, mühelose Änderungen vornehmen, die metakognitive Gewohnheiten in Ihr tägliches Lehren einbetten und Ihren Schülern kontinuierlich Verantwortung für das Lernen übertragen. Bitten Sie Ihre Schüler, bevor Sie mit den Erläuterungen zum Unterricht beginnen, sich einige Minuten mit mindestens einer der folgenden Fragen zu beschäftigen, darüber nachzudenken, Ideen zu sammeln, aufzuschreiben oder aufzuzeichnen:

» Was weiß ich über diesen Aspekt, dieses Fachgebiet oder Thema?

- » Weiß ich, was ich wissen muss?
- » Weiß ich, wo ich weitere Informationen erhalten/Kenntnisse erwerben kann?
- » Wie viel Zeit werde ich brauchen, um das zu lernen?
- » Welche Strategien und Taktiken kann ich anwenden, um das zu lernen?

Setzen Sie eine einfache Tabelle ein:

Was wir wissen	Was wir wissen müssen	Was wir herausfinden können

Finden Sie heraus, was Ihre Schüler wissen, bevor Sie Ihnen etwas beibringen, von dem Sie glauben, dass sie es wissen sollten.

Geben Sie den Schülern während der Arbeit Zeit für metakognitive Reflexionen bezüglich folgender Fragen:

- » Woher werde ich wissen, ob mein Lerntempo angemessen ist?
- » Wie kann ich einen Fehler erkennen, wenn ich ihn mache?
- » Wie sollte ich meinen Plan revidieren, wenn er meinen Erwartungen nicht entspricht und mich nicht zufriedenstellt?
- » Habe ich verstanden, was ich gerade gehört, gelesen oder gesehen habe?

Kompetenzen

Schüler in der Einschätzung ihrer Kompetenzen fördern

Schüler können ihren Fortschritt anhand einer einfachen Fünf-Punkte-Skala, die an das Kirkpatrick-Modell (Kirkpatrick and Kirkpatrick, 2006) angelehnt ist, verfolgen und beurteilen. Kompetenz wird nur selten schnell und ganz sicher nicht innerhalb einer Unterrichtsstunde von 45 Minuten erlangt. Betrachten Sie deshalb Lernen als neue Fähigkeit:

1. Unbewusste Inkompetenz

Der Lernende ist sich nicht bewusst, dass er eine Aufgabe nicht bewältigen kann.

Beispiel: Ein Schüler, der einen erfahrenen Jongleur beim Werfen und Fangen dreier Bälle beobachtet und anschließend ausruft: „Ich könnte das!“, offenbart wenig Kenntnis des geforderten Kompetenzniveaus, Könnens, der persönlichen Eigenschaften und des Verhaltens.

2. Bewusste Inkompetenz

Der Lernende ist sich der Aufgabe bewusst, kann sie aber nicht bewältigen.

Während der Schüler das Jonglieren lernt, vesteht er das Muster, kann es aber nicht nachmachen.

3. Bewusste Kompetenz

Der Lernende kann eine Aufgabe Schritt für Schritt durchdenken und sie bewältigen.

Durch Übung erkennt der Schüler die Fehler im Muster sowie die erforderliche Anpassung der Körperposition, des Wurfs und des Timings.

4. Unbewusste Kompetenz

Der Lernende kann die Aufgabe durchführen, ohne über Zwischenschritte nachzudenken.

Mit mehr Übung kann der Schüler drei Bälle durchgängig werfen und währenddessen eine Unterhaltung führen, auf einem Bein stehen etc.

5. Bewusste unbewusste Kompetenz

Die höchste Kompetenzstufe ist die Fähigkeit, etwas zu tun, ohne darüber nachzudenken, dabei aber im Bewusstsein zu behalten, wie es gemacht wird. Diese Kompetenzstufe ermöglicht es einem, anderen die entsprechende Fähigkeit beizubringen.

Der Schüler ist in der Lage, das Gelernte zu analysieren, sodass er jemand anderen anleiten und dessen Lernen unterstützen kann.

Versuchen Sie es damit

Beschreibe deine aktuelle Kompetenzstufe.

Beschreibe und schätze die Kompetenzstufe deines Partners/deiner Gruppe/deiner Klasse ein.

Beschreibe (Schritt 2–5), was du gemacht hast/vorhast, um diese Stufe zu erreichen.

5. Bewusste unbewusste Kompetenz

....

4. Unbewusste Kompetenz

....

3. Bewusste Kompetenz

....

2. Bewusste Inkompetenz

....

1. Unbewusste Inkompetenz

....

Abbildung 3.1

Führen Sie die Skala bei den Schülern als Stufen einer Leiter oder als Praxisbeispiel für Ihr eigenes Lernen ein. Bei älteren Schülern können Sie die Kompetenzen mit den Komponenten der Befähigung in Verbindung bringen: Fähigkeiten, Wissen, Verhalten und persönliche Eigenschaften. Damit stellen Sie ganz einfach einen ersten Rahmen für die Leistungsbeurteilung auf, auf den sich die Schüler leicht beziehen können. Gestalten Sie die Auflistung der Kompetenzstufen für jüngere Kinder bunt. Bitten Sie die Schüler, sich zu Beginn, während und gegen Ende einer Aufgabe auf der Skala einzuordnen. Dieses Vorgehen ist strukturierter und nachhaltiger als Überlegungen zum Thema „Was ich gelernt habe“ am Ende der Stunde. Regelmäßige Kontrollpunkte durch Überlegungen rund um das Thema: „Wie viel habe ich gelernt und wie groß sind meine Fortschritte?“ führen schnell weiter zu der Frage: „Was muss ich wissen/als nächstes tun?“

Versuchen Sie es damit

Oft machen kleine Dinge den Unterschied aus. Versuchen Sie, den Stundenbeginn leicht zu verändern, sodass Schüler zunächst darüber nachdenken, was sie wissen, bevor sie eine Arbeit angehen. Bitten Sie die Schüler, sich auf einer Skala von 1–5 einzuschätzen:

1. Ich weiß gar nichts darüber.
2. Ich kann diese Aufgabe bewältigen, wenn jemand mir hilft/mich führt/mich anleitet.
3. Ich kann diese Aufgabe alleine bewältigen.
4. Ich kann anderen bei dieser Aufgabe helfen/sie führen/sie anleiten.
5. Ich bin Experte für diese Aufgabe. ▶▶

Sie können die Schüler auch bitten, die Antwort ihres Partners zu antizipieren oder sogar zu erraten, wie sie sich gegenseitig eingeschätzt haben. Verwenden Sie die Skalierungen und Beschreibungen im Verlauf der Stunde als Referenzpunkte: „Was meinst du: Was musst du machen, um die 3. Stufe zu erreichen?", „Kannst du Sandra helfen, sie glaubt, sie steht auf der 1. Stufe, aber ich glaube, sie könnte mit ein bisschen Hilfe auf der 2. Stufe stehen." ◀

Metakognitives Handymapping

Schulen und Hochschulen auf der ganzen Welt verbieten Schülern aus Angst vor Missbrauch den Gebrauch oder die Mitnahme von Handys. Man fürchtet Anrufe während des Unterrichts, Mitschnitte von Lehrern in ihren schlimmsten Momenten, Cyber-Mobbing, Drogenhandel usw. Aber: Die meisten modernen Telefone verfügen über eine eingebaute Hard- sowie über frei zugängliche Software, die für die Schüler im Hinblick auf die Aufzeichnung ihres Lernens, ihrer „Heureka!"-Momente, ihrer Fragen, Erfolge und Herausforderungen von unschätzbarem Wert sind. In Wirklichkeit tragen die meisten Schüler eine Technologie mit sich herum, die für ihr Lernen von zentraler Bedeutung sein könnte, wenn sie in geeigneter Weise genutzt würde. Das Problem liegt in der Annahme vieler, der uneingeschränkte Gebrauch von Telefonen in Klassen beinhalte mehr Risiken als Gewinn.

Die Probleme in Bezug auf Handys sind im Verhalten des Nutzers verhaftet und nicht in der Technologie. Wir können Schülern beibringen, die Telefone unter Einhaltung der entsprechenden Grenzen in geeigneter Weise einzusetzen. Schon in wenigen Jahren könnten die Apparate durch diskrete, in die Kleidung eingewebte Bildflächen, schnurlose, unsichtbare Kopfhörer und winzige, vor dem Lehrer leicht zu vesteckende Mikrophone ersetzt werden. Wenn wir die Technologie nicht sehen können, wird es uns unmöglich sein, sie zu entdecken, geschweige denn, sie zu verbieten. Es gibt schon jetzt Uhren mit Handys und Kameras. Vielleicht ist es an der Zeit, die Technologie anzunehmen, bevor die Schüler sie so geschickt einsetzen, dass wir sie nicht kontrollieren können.

Eine neue Generation von Telefonen enthält eingebaute Projektoren, mit denen Schüler ihre eigene Gruppensitzung abhalten können, inklusive mühelos in Präsentationen eingefügte Fotografien, Audioclips und Videos. Das 3G-Netzwerk wächst – und schnellen Zugang zum Internet via Handy gibt es schon.

Wagen Sie den Sprung ins kalte Wasser

Handeln Sie angemessene Grenzen für den Gebrauch von Telefonen aus und testen Sie eine oder mehrere der folgenden Ideen:

» Die Schüler machen fünf Fotos und gestalten damit eine Ideen-Collage zur Aufgabe.
» Die Schüler zeichnen während der Aufgabe mithilfe ihrer Telefone Gedanken auf und setzen diese anschließend ein, um ihren Fortschritt zu beurteilen.

» Schüler nehmen in Zweiergruppen Antworten auf von ihrem Partner gestellte Plenumsfragen auf.
» Die Schüler gestalten eine SMS-/Twitter-Zusammenfassung der Stunde unter Verwendung von weniger als 250, 150 oder 50 Zeichen.

Guter Tipp

Ein Warnhinweis: Nicht alle Schüler besitzen ein Handy. Manche Schüler werden ihr Telefon nicht mit in die Klasse nehmen und manche werden es nicht herausholen wollen. Manche Schüler leben in einer Welt, in der das Telefon für den Status ebenso wichtig ist, wie für das Telefonieren. Stellen Sie sicher, dass niemand durch eine Aufgabe bloßgestellt, in Verlegenheit gebracht oder ausgeschlossen wird, bevor Sie das Telefon als Werkzeug zur Aufzeichnung des Lernens hinzuziehen.

Prüfungskriterien verstehen

Das Austeilen offizieller Kriterien an die Schüler ist, ohne oder mit nur wenigen Erklärungen, nicht besonders hilfreich. Diese Kriterien sind nicht gemacht, um von den Schülern gelesen zu werden, und sie sind nicht unbedingt in einer verständlichen Sprache verfasst. Die meisten Schüler werfen sie weg, manche haben Angst davor, viele verstehen sie nicht und nur wenige finden sie auch nur annähernd nützlich. Alternativ bleibt nur, Stunden mit der Umformulierung der Kriterien in eine „schülerfreundliche" Version zu verbringen. Diese Version ist nicht selten noch verwirrender als das Originaldokument. Manchmal werden im Bearbeitungsprozess Entscheidungen getroffen, die den Fokus der Kriterien abschwächen, ihn unbeachtet lassen oder die Erwartungen zu niedrig ansetzen. Was nach all der Übersetzung übrigbleibt, kann häufig wiederum nur genauso schwer in die nächste Stufe des Lernens übertragen werden.

Die wertvollsten Kriterien werden von Schülern geschaffen, vom Lehrer geführt, in Schritten aufgestellt und durch Tafeln veranschaulicht. Sie beginnen mit einfachen Fragen, wie z. B.: „Was wird dabei deiner Meinung nach zum Erfolg führen?"

Versuchen Sie es damit

Beschränken Sie die Kriterien, mit denen Sie arbeiten, zeitlich.

Intensivieren Sie den Fokus, indem Sie ein einzelnes Kriterium in Fähigkeiten, Vorwissen und Verständnis unterteilen und diese zur Beurteilung nutzen.

Einfache Schlüsselbegriffe/Listen: Bestätigen Sie im Verlauf der Stunde die Schüler, die die vereinbarten Kriterien erfüllen, namentlich, mit Häkchen oder Aufklebern.

Lernstilfragebogen

Lernstilfragebögen bilden einen nützlichen Ausgangspunkt für Reflexionen bezüglich der Frage, wie wir lernen. Die meisten Schüler haben solche Fragebögen schon das eine oder andere Mal ausgefüllt und nicht selten begegnen Sie einem Schüler, der Ihnen erzählt, er sei dieser oder jener Lerntyp. Der gut gemeinte Fragebogen wurde lange als absolute Wissenschaft und als letztgültig angesehen. Wir alle können lernen und uns neuen Lernwegen anpassen. Manche Aspekte bezüglich der Art, auf die wir am liebsten lernen, bleiben vielleicht konstant, andere wiederum sind an einem Montagmorgen anders als an einem Mittwochnachmittag. Manche Schüler, die heute bestimmte Präferenzen haben, können in den kommenden Jahren gut und gerne andere entwickeln. Die Fragebögen bieten deshalb einen Ausgangspunkt, aber sicherlich keinen Abschluss.

Gedanken über das Gehirn

Die Funktionsweise des Gehirns kann schon sehr kleinen Kindern vermittelt werden. Es gibt wissenschaftliche sowie hochgradig kreative Ansätze, die getrennt voneinander oder parallel eingesetzt werden können. Manchmal kann eine sichere Basis wissenschaftlichen Wissens kreativen Ansätzen mehr Sinn verleihen.

Der Reiz einer Mind-Map oder eines Brainstormings (seit Neuestem auch „mind shower" genannt) liegt darin, die anfänglich ungeordnet hervorströmenden Gedanken zu ordnen. Mind-Mapping ist eine häufig genutzte Technik, hier wird sie in tiefere metakognitive Gedanken über das Denken und Lernen des Gehirns übersetzt. Ich habe diese Übung mit Schülern aller Altersstufen und Fertigkeiten durchgeführt, ebenso wie mit Eltern und Lehrern.

Das Gehirn gestalten

Formen Sie aus Knete, Salzteig oder farbigem Ton einfache Modelle des Gehirns. Gestalten Sie ausgehend von Abbildung 3.2 eine dreidimensionale Skulptur des Gehirns.

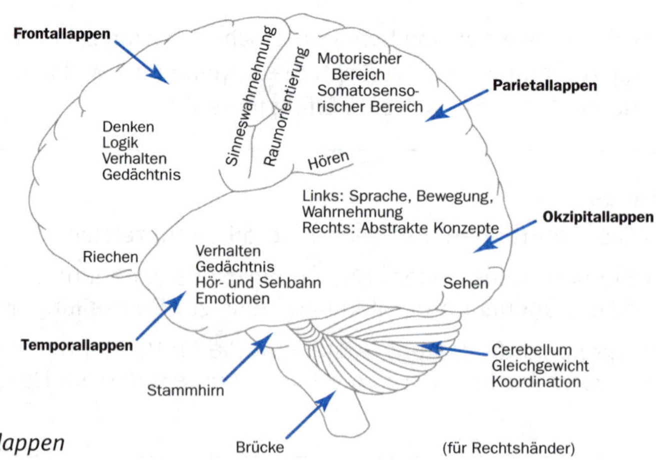

Abbildung 3.2: *Hirnlappen*

Bitten Sie die Schüler, die Skulptur im Hinblick auf ihr eigenes Gehirn, das eines Partners, Familienmitglieds, berühmten Musikers o. Ä. umzugestalten.

Die Modelle können ausgestellt und während der Stunde als Referenzrahmen verwendet werden. Sie verdeutlichen die Kapazität des Gehirns und eignen sich zur Visualisierung und Darstellung der Zunahme des Gehirnwachstums im Verlauf des Jahres oder Themenfelds.

Das Gehirn kreativ kartieren

Wenn Schüler auf Ihre Anregung hin über die Funktionsweise ihres Gehirns und die Vernetzung des Denkens nachdenken, ergeben sich großartige Diskussionsmöglichkeiten über das Lernen und Denken. Wenn Schüler die gleiche Übung bezogen auf eine andere Person durchführen, ist das sehr aufschlussreich. Es birgt ein gewisses Risiko, die Schüler zur Gestaltung einer Karte Ihres Gehirns einzuladen – das es jedoch wert ist, eingegangen zu werden.

Mithilfe einer zweidimensionalen Skizze des Gehirns (vergleiche Abbildung 3.3) können Sie zunächst die Frage stellen: „Wie funktioniert der Denkprozess?" Bei jüngeren Schülern könnten Sie fragen: „Was ist in eurem Gehirn?", und ihnen die Verwendung aller ihrer Meinung nach passenden Worte, Farben oder Bilder erlauben. Lassen Sie die Kinder in der Klasse oder in Kleingruppen Ideen sammeln. Verweisen Sie auf die Kapazitäten der verschiedenen Areale. Ist im Gehirn der Kinder mehr Kreativität als Logik? Sind dort weniger Gefühle, mehr rationales Denken? Mehr Sprache oder mehr Hören? Und wie werden Gruppierungen vorgenommen, welche Areale hängen zusammen/welche sind verbunden/welche sind eigenständig? Wie repräsentieren diese Gruppierungen die eigenen Interessen, Beziehungen, den Charakter?

Regen Sie die Schüler an, die Karten mit einem Partner zu vergleichen. Lassen Sie sie die Karten tauschen und Änderungen an der Karte des anderen vornehmen. Hängen Sie die Karten auf und befestigen Sie für Änderungen und Ergänzungen im Verlauf des Halbjahres/Kurses/der Lerneinheit Transparentpapier davor. Verweisen Sie in Diskussionen auf die Karten, um die Schüler zu Reflexionen über ihre Denkfertigkeiten und ihre Verantwortlichkeit zur Modifikation bestimmter Denkweisen anzuregen. Gestalten Sie in Anlehnung an die folgende Beschreibung Gehirnhüte, welche die Karte um eine dritte Dimension erweitern.

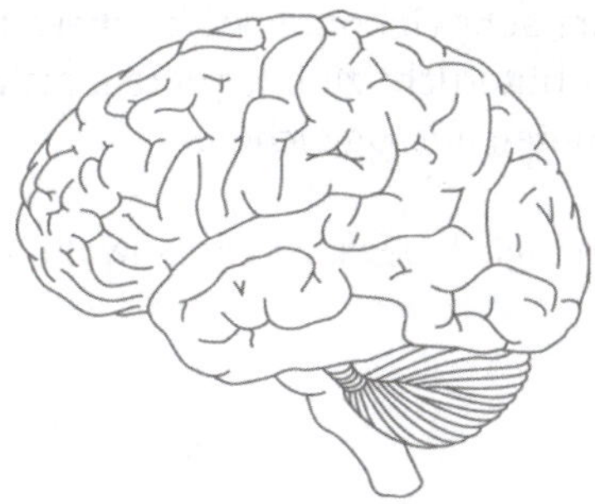

Abbildung 3.3

Das Gehirn verändern!

„Wir können Nutzen aus der Plastizität unseres Gehirns ziehen und es trainieren."

(Richard Davidson, Professor für Psychiatrie und Psychologie an der Universität von Wisconsin, Madison)

Davidson und seine Forscherkollegen wiesen als Erste mithilfe der funktionellen Magnetresonanztomographie (fMRT) nach, dass positive Emotionen wie Güte und Mitleid auf dieselbe Art erlernt werden können wie die Beherrschung eines Musikinstruments oder einer Sportart (Lutz *et al.*, 2008). Untersuchungen zeigten, dass sich die zur Gefühls- und Emotionserkennung benötigten Hirnregionen bei Personen, die ausgiebige Erfahrungen in der Übung mitfühlender Meditation hatten, erheblich veränderten. Das Erlernen des Jonglierens veränderte die Struktur der Hirnareale zur Bewegungserkennung in nur sieben Tagen. Es scheint, als würde Übung zu weit mehr Ergebnissen führen, als nur zur Perfektion in dem betreffenden Bereich. Faszinierend ist dies auch im Kontext repetitiver Fertigkeiten. Denken Sie dabei zum Beispiel an Schüler, die beim Erlernen des Korans ihre Fähigkeit des Auswendiglernens trainieren – wie gut haben sie die Hirnareale entwickelt, die mit Sprache, Erinnerung oder Rhythmus verbunden sind?

Der Gedanke, das Gehirn sei elastisch, ist im Hinblick auf die Erwartungen von Schülern und Lehrern, auf die soziale Mobilität und wahrgenommene Leistungsgrenzen von Bedeutung.

Lernfähigkeiten

Die meisten Schüler setzen sich mit dem Thema Lernfähigkeiten erst im Zusammenhang mit Abschlussprüfungen auseinander. Sie nehmen dann vielleicht sogar an Workshops zum Thema teil, die hervorragend geeignet sind, die Schüler zum Lernen und Wiederholen zu motivieren. Diese richten den Fokus in dieser Zeit der Prüfungsvorbereitungen stark auf Wiederholungskompetenzen und den Umgang mit Zeit und Aufwand. In einigen Schulen wird der Fokus lediglich auf diesen Aspekt der Lernfähigkeit gerichtet. Diese Workshops sind aber mehr als sinnvolle Auffrischung und Gedächtnisstütze, hier werden Schülern häufig erstmalig die Kompetenzen vermittelt, die sie zum Selbststudium brauchen. Natürlich ist das für viele Schüler zu spät; es wäre sehr viel produktiver, diese Kompetenzen schon von Beginn der Schullaufbahn an in den Unterricht zu integrieren, als auf eine Prüfung zu warten und dann eilig mangelnde Fähigkeiten auszugleichen.

Vermitteln Sie Ihren Schülern täglich bewusst Lerngewohnheiten und fördern Sie diese.

Guter Tipp

Geben Sie Ihren Schülern eine Aufgabe zur Fertigstellung mit nach Hause mit der Bitte, den Lösungsweg exakt aufzuzeichnen. Schüler sollten ihren Arbeitsprozess protokollieren: Wo haben sie die Aufgabe bewältigt, wen haben sie um Hilfe gebeten, wie viele Sitzungen haben sie gebraucht, was haben sie währenddessen gegessen, getrunken oder gehört, zu welcher Tageszeit haben sie sich mit der Aufgabe beschätigt, welche Ablenkungen gab es? Zur Analyse des Prozesses könnten Schüler ihren Arbeitsprozess diskutieren, verschiedene Arbeitsweisen in Bezug zu den entsprechenden Bewertungen der Arbeit setzen oder den Arbeitsprozess eines anderen Schülers versuchsweise adaptieren.

Wie können Schüler Selbstvertrauen lernen?

Selbstvertrauen bezeichnet im Allgemeinen die Annahme, ein Ziel oder ein Ergebnis durch die eigene Kompetenz erreichen zu können. Schüler mit einem starken Selbstvertrauen werden sich den Herausforderungen schwieriger Aufgaben vermutlich eher stellen und intrinsisch motiviert sein. Selbstvertrauen hat seinen Ursprung in vier Quellen. Lehrer können Strategien zur Entwicklung von Selbstvertrauen entsprechend auf verschiedene Weise einsetzen. Die folgende Liste geht auf Margolis und McCabe (2004) sowie Bandura (1994) zurück:

1. **Bewältigungserfahrungen:** Die Erfahrung des Erfolgs stärkt das Selbstvertrauen der Schüler, während Misserfolge es untergraben. Dies ist die zuverlässigste Quelle für Selbstvertrauen.
2. **Stellvertretende Erfahrungen:** Das Beobachten eines Klassenkameraden bei der Bewältigung einer Aufgabe kann das Vertrauen in die eigenen Fähigkeiten stärken.
3. **Verbale Informationsvermittlung:** Lehrer können das Selbstvertrauen stärken, indem sie die Schüler mithilfe von glaubhafter Kommunikation und Feedback durch die Aufgabe leiten und sie motivieren, das Beste zu geben.
4. **Affektive Zustände:** Eine positive Stimmung kann Vertrauen in sich stärken, während Ängstlichkeit es selbst schwächen kann. Ein bestimmtes Maß an emotionaler Stimulation kann ein anregendes Gefühl schaffen, das zu starken Leistungen beitragen kann. Lehrer können hier unterstützend wirken, indem sie stressbehaftete Situationen reduzieren und angstbehaftete Momente wie Examina oder Referate entspannen.

Mögliche Vorgehensweisen des Lehrers

» Bestehen Sie darauf, dass die Schüler ihr Lernen und Denken überprüfen und stellen Sie ihnen entsprechende, einfache Methoden bereit.

» Vermitteln und betonen Sie Lernstrategien als Teil von Hausaufgaben, Klassen- und Kursarbeiten.

» Leiten Sie die Schüler an, Gedanken mit bereits bestehenden Wissenstrukturen zu verbinden.

» Regen Sie die Schüler zur Ausarbeitung von Fragen an, zu Fragen über die eigene Person und Ereignissen in ihrer Umgebung („Hast du heute eine gute Frage gestellt?“).
» Unterstützen Sie die Schüler dabei, den richtigen Zeitpunkt für ein Hilfegesuch zu finden (die Schüler müssen dazu die Fähigkeit der Selbstbeobachtung haben; fordern Sie die Schüler auf, Ihnen die eigenständig unternommenen Problemlösungsversuche zu verdeutlichen).
» Zeigen Sie den Schülern, wie Wissen, Einstellungen, Werte und Fähigkeiten auf andere Situationen oder Aufgaben übertragen werden können.

Das „Think-aloud“-Protokoll

Das von Clayton Lewis (Lewis und Rieman, 1994) entwickelte „Think-aloud“-Protokoll erfasst Äußerungen von Teilnehmern, die während der Bewältigung einzelner Aufgaben laut denken. Die Teilnehmer sollen aussprechen, was sie während der Auseinandersetzung mit der Aufgabe anschauen, denken, tun oder fühlen. Dies ermöglicht den Beobachtern die Betrachtung des Aufgabenbewältigungsprozesses aus erster Hand (mehr denn nur das finale Produkt).

Die Beobachter einer solchen Untersuchung sind angehalten, alle Äußerungen der Teilnehmer objektiv, ohne den Versuch der Interpretation ihrer Handlungen oder Worte, zu notieren. Die Sitzungen werden häufig per Audio oder Video aufgezeichnet, um zu einem späteren Zeitpunkt auf eine bestimmte Handlung oder Reaktion der Teilnehmer Bezug nehmen zu können. Das Ziel dieser Methode ist es, explizit zu zeigen, was in den Personen, die eine bestimmte Aufgabe bewältigen können, vorgeht.

Das „Think-aloud“-Protokoll stärkt, als Teil der formativen Beurteilung eingesetzt, die Herangehensweise an das Lernen in gleichem Maße wie den Lernerfolg.

Zur Strategie

Begeben Sie sich auf die Ebene der Kinder

Wenn Sie ein großes Blatt Papier auf den Boden legen und die Schüler sich drum herum setzen, geschieht etwas mit der Dynamik im Raum. Etwas, das nicht entsteht, wenn Sie Gedanken an der Tafel zusammentragen. Wenn Sie die Rolle des Kartographen der Gruppe übernehmen, liegt die Verantwortung für das Denken bei den Schülern. Sie kartieren für die Schüler Ideen, Wahlmöglichkeiten und Pfade. Helfen Sie ihnen, für ihr Denken eine Karte, eine Kodierung, eine Ordnung zu gestalten sowie Ideen, Worte und Gedanken zu sammeln und zu sortieren. Eine physische Veränderung hat stattgefunden; Sie haben den Schülern ein Gefühl von Kontrolle und Macht gegeben und Ihnen gleichzeitig Ihr Zu- und Vertrauen gezeigt. Die Schüler schauen auf Sie herab, aber Sie sind ein Mitglied der Gruppe geworden, lernen mit und durch sie.

Aus der Praxis

Das Thinkenstein-Projekt

Die Förderung metakognitiven Denkens und Verstehens individueller Lernstile gestaltet sich bei älteren Schülern mit besser entwickelten Fertigkeiten einfacher. Sie sind in der Lage, Konzepte, Fähigkeiten und Sprache zu verstehen und fügen sich ohne viel Unterstützung in neue Gefüge ein. Bei jüngeren Kindern, und insbesondere bei solchen mit Lernschwierigkeiten, ist es nicht ganz so einfach. In einem Dreijahresprojekt zum Thema „Praktische Herangehensweisen an Metakognition" an Regel- und Förderschulen in Birmingham hatten wir die Aufgabe, die Vermittlung von Metakognition mit pädagogischen Hilfskräften, Lehrern, Schuldirektoren und Kindern im Alter von 8 Jahren zu erforschen und zu entwickeln.

Wir entwickelten die Idee, einen „stellvertretenden Teilnehmer" zum Leben zu erwecken, der sowohl für das Individuum als auch für die ganze Klasse einsetzbar sein sollte. Das Monster „Thinkenstein" war geboren. Der Avatar sollte den Schülern die Möglichkeit bieten, sich mit metakognitiven Aktivitäten zu beschäftigen – während sie diese Erkenntnisse auf sich selbst beziehen konnten. Thinkenstein musste zum Leben erweckt werden und denken lernen. Wir schufen sensorische Welten zur Interaktion, produzierten große, farbkodierte Karten über das Denken, filterten und programmierten Sprache. Wir experimentierten mit verschiedenen Rahmenmodellen, wie z. B. Belle Wallace's TASC-Modell, Pivotal's Vereinbartem Assessmentraster (vergleiche Kapitel 6), Gardner's Multiplen Intelligenzen und de Bono's Denkfertigkeiten, während wir uns mit dem metakognitiven Denken beschäftigten.

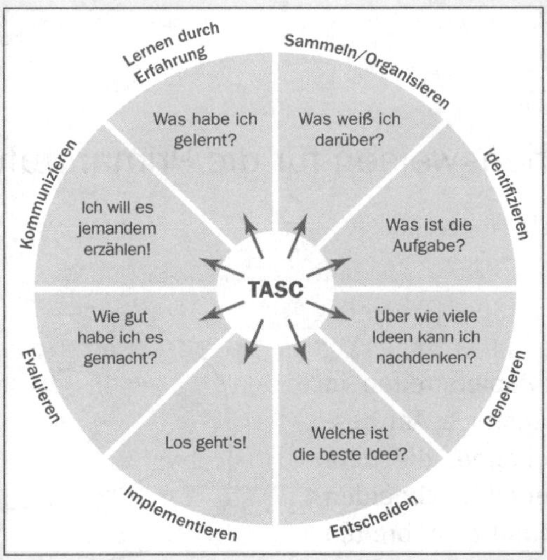

***Abbildung 3.4:** TASC Modell*

Quelle: Copyright © Belle Wallace 2000. Abdruck mit freundlicher Genehmigung. ▶▶

In von Pädagogen über drei Jahre geführten sogenannten „Summer schools" wurden tägliche metakognitive Rituale vereinbart und eingeführt: regelmäßige Kontrollpunkte für Selbstreflexion; tägliche körperliche Aufwärmübungen; eine Vielzahl an Entscheidungen sowie eine hohe Selbstständigkeit der Schüler, des Peer-Assessments und des Unterrichts; eine große Anzahl von Lernkarten im Klassenraum (die ihn z. T. überfluteten) und eine ausreichende Anzahl Erwachsener zur Unterstützung des gesamten Fähigkeitenspektrums. Wir hatten den Luxus der curricularen Freiheit und eine gute Schüler-Lehrer-Quote, die im Klassenraum nicht gegeben ist. Deshalb fiel es den Schülern nicht schwer, sich an neue Arbeitsweisen anzupassen. Sie waren fasziniert von der Vorstellung, was in ihren Köpfen passiert (oder in Thinkensteins) – von der Idee eines Monsters, das lernt und das sie gestalten und kontrollieren können.

Metakognitives Denken und Fragen ergaben sich von selbst. Schüler mit eingeschränkten Sprachmöglichkeiten fanden Wege und Unterstützung, ihre Ideen zu präsentieren, Schüler mit Hör- und Sehschwäche ertasteten und hörten ihren Weg. Sie schufen faszinierende Welten, um dem Monster neue Ideen und Denkweisen zu vermitteln. Sie wurden zu Wissenschaftlern, die Experimente analysierten und Hypothesen überprüften. Thinkenstein war immer freundlich und fröhlich, nicht wie ein modernes Frankenstein-Monster, mehr wie ein freundlicher Roboter/Mensch/Lego-Mann. Karten seines Gehirns und der kindlichen Gehirne wurden gezeichnet und verglichen. Eltern und Großeltern wurden gebeten, eine Karte ihrer eigenen Gehirne zu zeichnen, was eine starke Beteiligung und Diskussion in Gang setzte.

Thinkenstein lebt und er lebt in vielen Klassen weiter. Er ist ein sicherer Stellvertreter zur Einführung von Metakognition – gerade so einfach oder komplex, wie Sie ihn haben möchten. ◀

Geeignete Vorgehensweisen für die Primarstufe und die Sekundarstufen

Primarstufe

Gehirnhüte

Jeder Schüler benötigt Papierstreifen in der Größe seines Kopfumfangs. Am besten eignet sich dünne Pappe, die dem Hut die stabilste Form verleiht. Schneiden Sie einen 60 cm langen und 4 cm breiten Streifen zu. Formen Sie daraus einen Ring entsprechend dem jeweiligen Kopfumfang. Kleben Sie anschließend die beiden Enden zusammen.

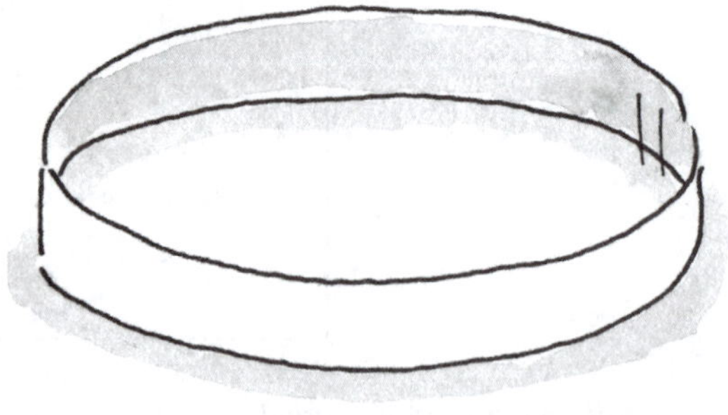

Abbildung 3.5

Befestigen Sie mithilfe von Klebestreifen oder Klebstoff auf diesem Papierring zwei sich in der Mitte kreuzende Papierstreifen, deren Länge der Kopfhöhe anzupassen ist.

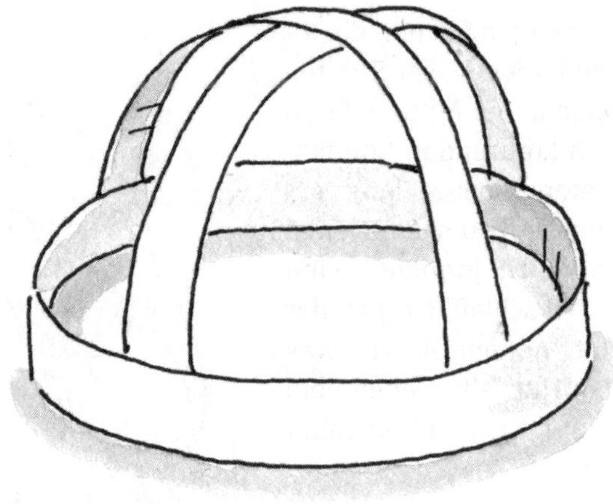

Abbildung 3.6

Befestigen Sie nun 8 Streifen in gleichmäßigen Abständen an der Innenseite des Rings, sodass sie wie Locken vom Hut herunterhängen.

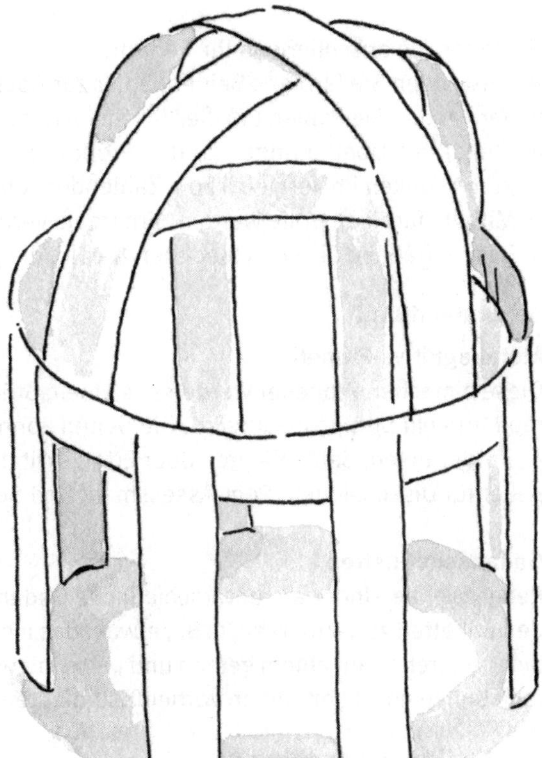

Abbildung 3.7

Befestigen Sie nun die losen Enden dieser Streifen oben in der Mitte auf den sich kreuzenden Streifen. Erstere sollten lang genug sein, um eine enge Locke zu formen – sind sie zu schlaff, wackelt der Hut unkontrolliert, was den Hut, abgesehen vom Spaßfaktor, unbrauchbar macht.

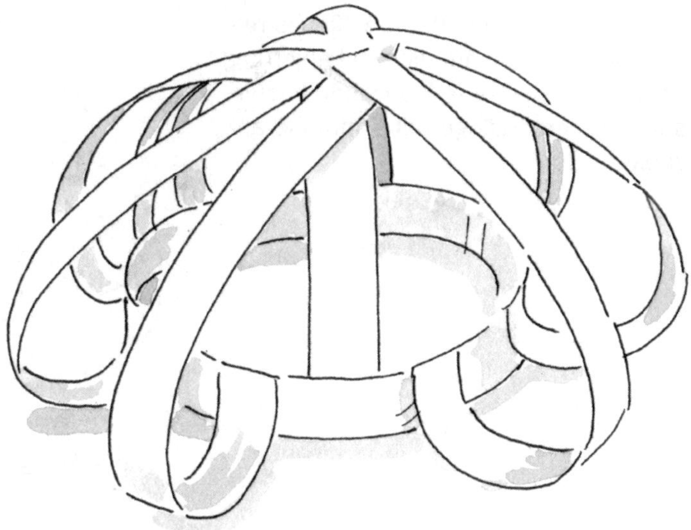

Abbildung 3.8

Gestalten Sie anschließend Ihr Gehirn:

» Verwenden Sie farbiges Seidenpapier zur Abgrenzung verschiedener Hirnareale.
» Verwenden Sie Papier, um die Lücken im Hut mit untergeordneten Gehirnpartien zu füllen.
» Stellen Sie Überlegungen zu den Proportionen des Gehirns an – wie groß ist das Bewegungsdenken im Vergleich zum Zahlendenken?
» Mithilfe farbiger Wolle werden Hirnareale verbunden.
» Beschriften Sie die verschiedenen Areale, die besondere Fähigkeiten anzeigen.

Sekundarstufe I

Metakognitive Propeller

Diese einfachen Propeller werden aus einem Stück achteckiger Pappe hergestellt, durch deren Mitte ein Stift gesteckt wird. Die Seiten können mit verschiedenen Denkweisen, Fragen, Aufforderungen, Satzanfängen oder Erfolgskriterien beschriftet werden. Setzen Sie den Propeller für Diskussionen, Peer-Assessment und Selbstreflexion ein.

Gedankenetiketten

Regen Sie die Kinder an, unterschiedliche Gedanken auf verschiedenfarbigen selbstklebenden Etiketten zu vermerken, z. B. „etwas, das ich verstehe“ auf einem roten, „etwas, das ich nicht verstehe“ auf einem gelben und „eine mir wichtige Frage“ auf einem grünen. Die Etiketten können anschließend an vorher festgelegten Stellen im Raum befestigt werden.

Multiple Intelligenzen

Nutzen Sie mehrere Vorgehensweisen, um unterschiedliche Denkansätze und Lernstile darzustellen, und verwenden Sie diese, nachdem Sie sie auf farbigem Papier festgehalten haben, um im Klassenverband über deren Zusammenspiel nachzudenken. Die Schüler sollten die verwendeten Vorgehensweisen sowie die Art ihrer Anwendung auf den entsprechenden Papierbögen notieren.

Sekundarstufe II

Vertiefendes Denken

Bei älteren Schülern können die folgenden Kategorien nach der Einführung von Aufgaben wie dem kreativen Kartographieren oder Gestalten des Gehirns das Lernen abwechslungsreich vertiefen:

Abstraktes Denken	*Identifikation (Information)*	*Prämisse*
Analogie	*Instinkt*	*Problemfindung*
Arbeitsspeicher	*Intelligenz*	*Problemgestaltung*
Argumentation	*Introspektion*	*Problemlösung*
Bedeutung (Semiotik)	*Kalkulation*	*Querdenken*
Bewusstseinsstrom	*Kategorisierung*	*Rationalität*
Bildhaftes Denken	*Kognition*	*Satz*
Debatte	*Kognitive Neustrukturierung*	*Schätzung*
Definition	*Konkrete Konzepte*	*Schlussfolgerndes Denken*
Denkprozess	*Konzept*	*Schlussfolgerung*
Denkweise	*Kritisches Denken*	*Schreiben*
Einstellung	*Linguistik*	*Selbstreflexion*
Erklärung	*Logik*	*Sinn*
Evaluation	*Logische Erklärung*	*Sprache*
Gedankenexperiment	*Logisches Argument*	*Systemische Intelligenz*
Gedankenlandkarte	*Mentale Funktion*	*Systemisches Denken*
Geistiges Auge	*Mentale Kalkulation*	*Vermutung*
Gesunder Menschenverstand	*Metakognition*	*Visuelles Denken*
Grund	*Multiple Intelligenzen*	*Vorhersage*
Historisches Denken	*Multitasking*	*Vorschlag*
Hypothese	*Musterabgleich*	*Weisheit*
Idee	*Persönlichkeit*	*Wissensmanagement*

Übung

Tragen Sie die entsprechenden Prozentzahlen (10 %, 20 %, 30 %, 50 %, 70 %, 80 %, 95 %) in diese bemerkenswerte Aussage von William Glasser ein. Die Lösung finden Sie am Ende des Kastens.

Wir lernen

______ durch HÖREN,

______ dadurch, DASS WIR ANDEREN ETWAS BEIBRINGEN,

______ durch SEHEN und HÖREN,

______ durch LESEN,

______ durch EIGENE ERFAHRUNGEN,

______ durch SEHEN,

______ durch das DISKUTIEREN MIT ANDEREN.

Wie sollen wir laut Glasser's Skala das Lernen für die Schüler strukturieren?

Und was bedeutet das für die Strukturierung der Unterrichtsräume in den Schulen und Hochschulen?

Wie könnten Sie Ihre nächste Unterrichtsstunde im Sinne von Glasser's Forschung restrukturieren?

Lösung

10 % durch LESEN, 20 % durch HÖREN, 30 % durch SEHEN, 50 % durch SEHEN und HÖREN, 70 % durch DISKUTIEREN MIT ANDEREN, 80 % durch EIGENE ERFAHRUNGEN, 95 % dadurch, DASS WIR ANDEREN ETWAS BEIBRINGEN.

(www.wglasser.com)

Denkanstöße

- » Wann können Sie Zeit in metakognitive Tätigkeiten zur Entwicklung eines tieferen Verständnisses über das Lernverhalten der Individuen investieren?
- » Wie können Sie einen Stellvertreter für Schüler gestalten, denen es zunächst schwerfällt, sich ihr Denken bewusst zu machen?
- » Welche visuellen Gedächtnisstützen werden Sie zur Förderung metakognitiven Denkens mit den Schülern gestalten?

Zusammenfassung

Wenn wir Lernende dabei unterstützen, ihre Sinne zu schärfen für die Art und Weise, auf die sie lernen, werden sie nachdenklicher. Sie gewinnen das Vertrauen, neue Herausforderungen anzunehmen und ihre Gedanken bei Frustrationen zu kontrollieren. Die gemeinsame Aufzeichnung von Kriterien gibt den Schülern die Möglichkeit zu kontrollieren, wohin sie gehen und wie sie auf diesem Weg lernen werden.

Auf einen Blick

- Konstruktive Leistungsbeurteilung ist auf die metakognitiven Fähigkeiten von Lehrern und Schülern angewiesen.
- Lernen findet nicht in Zeitfenstern von 30, 45 oder 60 Minuten statt.
- Finden Sie heraus, was Ihre Schüler wissen, bevor Sie Ihnen etwas beibringen, von dem Sie glauben, dass sie es wissen sollten.
- Lehrer sind die Kartographen ihrer Schüler, die Ideen, Wahlmöglichkeiten und Pfade aufzeichnen.
- Die Probleme in Bezug auf Handys sind im Verhalten des Nutzers verhaftet und nicht in der Technologie.
- Die wertvollsten Kriterien werden von Schülern geschaffen, vom Lehrer geführt, in Schritten aufgestellt und durch Tafeln veranschaulicht.

Websites

Edward de Bonos Sechs Denkhüte: http://www.debonothinkingsystems.com/tools/6hats.htm

Lernstilfragebogen: http://www.sprachenzentrum.fu-berlin.de/slz/media/pdf/Lernstil_Fragebogen6.pdf?1210678544

Fachliteratur

Bandura, A. (1994): Self-efficacy. In: Encyclopedia of Human Behavior, vol.4, Ramachaudran, V.S. (ed.), Academic Press, S. 71–81

Britton, J. (1973): Die sprachliche Entwicklung in Kindheit und Jugend. Düsseldorf: Pädagogischer Verlag Schwann

de Bono, E. (1986): Das Sechsfarben-Denken: Ein neues Trainingsmodell. Berlin: Econ

Gardner, H. (1993): Frames of Mind: The Theory of Multiple Intelligences, 2nd ed. Fontana Press

Kirkpatrick, D.L. und Kirkpatrick, J.D. (2006): Evaluating Training Programs, 3rd ed. Berret-Koehler

▶▶

Lewis, C. und Rieman, J. (1994): Task-Centred User Interface Design: A Practical Introduction. Erhältlich unter: hcibib.org/tcuid/tcuid.pdf

Lutz, A., Brefczynski-Lewis, J., Johnstone, T. und Davidson, R.J. (2008): Regulation of the neural circuitry of emotion by compassion meditation: effects of meditative expertise. Plos One. Erhältlich unter: http://www.plosone.org/article/info:doi/10.1371/journal.pone.0001897

Margolis, H. und McCabe, P. (2004): Self-efficacy: a key to improving the motivation of struggling learners, Clearing House, vol.77, no.6, S. 241

Rose, J. (2009): Independent Review of the Primary Curriculum, DCSF. In englischer Sprache erhältlich unter: http://education.gov.uk/publications/standard/publicationDetail/Page1/QCDA/09/4355

Wo stehen wir?

Der Assessment-Baum

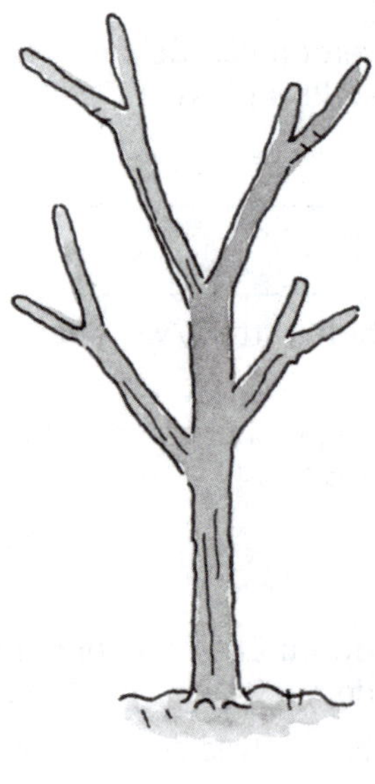

Metakognitive Strategien geben Vertrauen und statten selbstbestimmt Lernende mit weiteren Fähigkeiten aus. Die Äste des Baumes streben schnell vom Stamm weg, sobald Schüler merken, dass sie zunehmend für ihr Lernen verantwortlich sind.

Kapitel 4

Geeignete Vorgehensweisen für das Peer-Assessment

„Knowledge speaks, but wisdom listens."
(Jimi Hendrix)

In diesem Kapitel erfahren Sie etwas über

- Strategien zur produktiven und effizienten Gestaltung von Peer-Assessment
- die Schaffung eines hohen Standards für vertrauliche Gruppenarbeiten durch konstant klare Grenzen und hohe Erwartungen
- die Bedeutung von Peer-Assessment sowohl für den Beurteilenden als auch für den Beurteilten

Leistungsbeurteilung ist nicht nur eine Abfolge von Prozessen oder eine Endnote, sondern eine Reihe von Gelegenheiten, erfolgreiches Lernen zu fördern und aufzubauen. Es geht mehr um die Gespräche als um den Papierkram, mehr um ein vereinbartes Ziel als um die Note. Schulen Sie Ihre Schüler darin, in produktiven, beziehungsfördernden Gesprächen klare, strukturierte Beurteilungen der Klassenkameraden abzugeben. Bei konsequenter Anwendung hilft Peer-Assessment beiden Parteien im Verständnis ihres nächsten Lernschritts. Träges Peer-Assessment, ohne Struktur oder klaren Fokus, ist nicht mehr als weitere 5 Minuten Konversation über Fußball oder das Wochenende. Peer-Assessment ist weder eine Nachlese noch ein Zusatzelement für die Schulaufsichtsbehörde, sondern wesentlicher Motor einer produktiven und effizienten Klasse. Sinnvolles Peer-Assessment erweitert Lernen und fasst es nicht nur zusammen oder diskutiert darüber.

Die Fähigkeit, anderen einen Spiegel vorzuhalten und dabei eine gute Beziehung aufrechtzuerhalten, ist für Lehrer und Schüler nicht frei von Risiken. Mit dem Peer-Assessment sind sogar eine Reihe von Schwierigkeiten verbunden. Die Hauptanforderung an den Lehrer ist die Verschleierung des Prozesses. Auch wenn wir Gespräche nicht kontrollieren oder 100-prozentig sicher sein können, dass der Prozess im gewünschten Maße produktiv ist, können wir doch Bedingungen schaffen, die den Schülern ein Abweichen vom Thema erschweren. Wir können Grenzen setzen und aushandeln, bestimmte Verhaltensweisen fördern und Zeit für das Peer-Assessment einräumen. Wir können das Peer-Assessment produktiver gestalten und uns selbst als alleiniger Schiedsrichter über Erfolg und Versagen zurücknehmen. Wenn Schüler in ihr eigenes Lernen investieren, beginnen Sie allmählich ihr eigenes Verhalten anzuerkennen.

Im Prozess können Probleme mit der Einstellung der Schüler zum Peer-Assessment auftreten: Es gibt Schüler, die sich so gut kennen, dass sie in kürzester Zeit vom Thema abweichen; Schüler, denen es schwerfällt, einen anderen überhaupt anzuerkennen; Schüler, die wenig Erfahrung mit Gesprächen über das Lernen haben; Schüler, denen es schwerfällt, ihre Meinung zu äußern; Schüler, die zu sensibel sind, um Kritik auszuhalten sowie Schüler, die in der Beurteilung der Arbeit anderer zu schonungslos sind. Erfolgreiches und überdies noch sinnvolles Peer-Assessment, das Leistung steigert, kann nicht dem Zufall überlassen werden. Es beinhaltet so viel mehr als Aussagen wie diese: „Diskutiert eure Arbeiten einige Minuten paarweise (während ich versuche, den Projektor zum Laufen zu bringen)." Es muss strukturiert und verantwortungsvoll sein, mit Blick auf Fähigkeiten und Strategien vermittelt sowie durch einfache Vorgaben für Gespräche und Feedback unterstützt werden.

Wir alle erinnern uns an Beziehungsschwierigkeiten in der Kindheit und Jugend. In jeder Klasse gibt es Schüler, die am liebsten nicht miteinander arbeiten würden, und andere, die aktiv die Anonymität suchen. Übernehmen Sie die Kontrolle über die Paarbildung, indem Sie die Kontrolle über den Sitzplan übernehmen. Machen Sie deutlich, dass Sie erwarten, dass die ganze Gruppe sich gegenseitig beurteilt und weigern Sie sich, den Vorurteilen und Freundschaften Ihrer Schüler Rechnung zu tragen. Zu Beginn werden Sie ihnen die Verantwortung abnehmen müssen: Einige Schüler werden zwar protestieren, aber die meisten werden sich sicherer fühlen mit dem Wissen, Ihnen die Schuld an der Gruppeneinteilung geben zu können: „Ich weiß, ich wollte auch nicht mit ihr arbeiten, er/sie hat mich eingeteilt.“

Ein starkes Vorbild abgeben

Nehmen Sie sich die Zeit, Ihren Schülern ein Modell des von Ihnen gewünschten Verhaltens aufzuzeigen und zu analysieren, bevor sie sich in Zweiergruppen in sensiblen Gesprächen über ihr Lernen austauschen. Dabei könnten Sie folgende Ansätze nutzen:

- » Der Lehrer spielt die Rolle des Schülers, er stellt dabei ein realistisches Beispiel dar.
- » Eine Audioaufzeichnung eines Assessmentgesprächs zwischen Mitschülern wird abgespielt.
- » Eine Aufführung zweier Schüler: Bitten Sie das Publikum, die Dinge zu reflektieren, die gut laufen, gegebenenfalls einzuschreiten sowie aufzuzeigen, was verbessert werden könnte.
- » Eine Videoaufzeichnung von Schülern des letzten Jahrgangs/der Parallelklasse wird gezeigt.

Ein wesentlicher Bestandteil des Modells ist die Einbindung eindeutiger Beispiele des von Ihnen erwarteten Standards. Die Schüler sollen das Modell analysieren, einer Liste von Erfolgskriterien zustimmen und Richtlinien für das Verhalten aushandeln. Verweisen Sie auf diese Richtlinien, bevor Sie mit den Schülern das Peer-Assessment beginnen. Veranschaulichen Sie diese Vorgaben mit Überschriften in Text-, Bild- oder Folienform oder anhand von Schülerfotos. Bestärken Sie die vereinbarten Erwartungen konsequent.

Guter Tipp

Verwenden Sie Zeit auf die Absprache von Grenzen und Erwartungen. Stellen Sie Ihren jüngeren Schülern die Frage: „Was macht gute kognitive Arbeit, gute Paararbeit, guten Gedankenaustausch aus?“ (Die Schüler bekommen eine halbe oder ganze Minute Bedenkzeit und besprechen und vergleichen anschließend in Zweiergruppen ihre Gedanken. Siehe auch „Geeignete Vorgehensweisen für die Primarstufe und die Sekundarstufen“, S. 67.) Eine weitere Frage könnte lauten: „Wodurch wird Peer-Assessment sinnvoll?“ Eine gute Ausgangsfrage ist: „Sag mir, wie die Rückmeldung zu deiner Arbeit aussehen soll.“

Stimmen Sie mit Ihren Schülern ab, was gut läuft und was, auf der anderen Seite, vermieden werden sollte. Nehmen Sie diese Informationen als Basis für Ihre „Hinweise für das Peer-Assessment“-Schautafel oder das entsprechende Handout. Besprechen Sie mit den Schülern die Methoden des 3:1-Feedbacks (vergleiche Kapitel 1) oder des „Schlechte-Nachrichten-Sandwichs“ (bei dem der Kritikpunkt zwischen zwei positiven Äußerungen über die Arbeit vorgebracht wird). Versuchen Sie, sich auf ein einfaches Feedback-Schema zu einigen, ein unkompliziertes, in allen Situationen einsetzbares Ritual, wie z. B. das im Kasten beschriebene.

Versuchen Sie es damit

Rituale und wiederkehrende Vorgehensweisen nehmen den Gesprächen über das Lernen etwas von der Bedrohlichkeit. Schüler mögen die vorhersehbare, sichere und strukturierte Art der Gespräche, die sich aus einem verhandelten und vereinbarten Ritual ergibt. Die Vorgehensweise sollte einfach und deutlich und als Bezugspunkt während der ganzen Stunde für alle sichtbar dargestellt sein. Geben Sie den Abläufen einen positiven Rahmen, indem Sie die gewünschten Verhaltensweisen herausstellen. Bestärken Sie Schüler, die den Abläufen folgen, positiv. In einer Grundschulklasse könnte das z. B. wie folgt aussehen:

1. Gebt euch die Hände und begrüßt euch.
2. Schaut euch an, während ihr miteinander redet.
3. Sprecht erst über das, was gut gelaufen ist.
4. Sprecht dann über das, was verändert werden könnte, damit es besser läuft.

In der Sekundarstufe I könnte das z. B. wie folgt aussehen:

1. Findet heraus, was funktioniert, was gut ist, was erreicht worden ist.
2. Bleibt bei eurem Feedback nett, überbringt schlechte Nachrichten freundlich.
3. Gebt ein Feedback bezüglich der Arbeit, nicht bezüglich der Person.

Bei älteren oder kompetenteren Schülern könnte das z. B. wie folgt aussehen:

1. Positive Kommentare und konstruktive Kritik im Verhältnis 3:1.
2. Begründe mindestens 3 Beispiele, indem du sie mit dem Anschauungsmaterial vergleichst.
3. Stimme bei drei schriftlich fixierten Zielen der Erstellung einer Neufassung zu.

Geben Sie erst Ruhe, wenn das Peer-Assessment streng, intelligent und respektvoll ist. Weigern Sie sich, träge Gespräche zu akzeptieren, so wie Sie sich weigern, unvollständige Hausaufgaben anzunehmen. Nur wenige Lehrer betonen tatsächlich die Bedeutung des Modells, das Aushandeln sowie das Festlegen hoher Erwartungen für das Peer-Assessment. Noch weniger nehmen sich die Zeit, die Erwartungen auf spezifische Verhaltensweisen herunterzubrechen, die beobachtet werden müssen. Wenn Sie Ihre Erwartungen so verorten und ihnen hohe Priorität zugestehen, werden Ihre Schüler die richtigen Grundlagen haben, um Peer-Assessment wirklich sinnvoll zu gestalten. Nach einigen Wochen wird der Druck der Beurteilung für den Lehrer abnehmen. Schüler werden ganz selbstverständlich beginnen, einander zu beraten. Gegen Ende des Halbjahres wird das Meer von gestreckten Händen oder die Schlange vor Ihrem Tisch signifikant geschrumpft sein. Großartig. Nehmen Sie sich eine Auszeit. Lehnen Sie sich zurück und beobachten Sie, wie Ihre Schüler sich gegenseitig unterrichten.

Schüler benoten ihre Arbeiten gegenseitig

Vereinbaren Sie Erfolgskriterien mit den Schülern, verwenden Sie dabei in erster Linie die Sprache der Kinder.

» Vereinbaren Sie klare Richtlinien für die Noten: Wie ist zu benoten, welche Kommentare sind akzeptabel/inakzeptabel?
» Probieren Sie den Einsatz anonymisierter schriftlicher Arbeiten zur Abfederung der Benotung. Forschungsergebnisse zeigen drastische Veränderungen der Notengebung, wenn die Lehrer wissen, welcher Schüler die Arbeit verfasst hat.
» Bieten Sie Arbeiten aus den letzten Jahrgängen zur Benotung an. Die Notengeber können anschließend ihre Einschätzung mit den tatsächlichen Noten vergleichen und Abweichungen diskutieren.
» Wählen Sie ein Erfolgskriterium aus und analysieren und beurteilen Sie dessen Einzelaspekte.
» Lassen Sie die Schüler ausgewählte Arbeiten als Team benoten. Jeder Schüler soll dabei einen bestimmten Aspekt der vereinbarten Kriterien beachten.
» Lassen Sie Teams gegeneinander antreten. Sie sollen möglichst schnell herausfinden, wo man Punkte verdienen kann und wo man welche verschenkt.

Präsentationen und Vorführungen

Wenn Schüler der Klasse ihre Gruppenarbeit präsentieren sollen, wird das Feedback normalerweise der Gruppe als Ganzes gegeben. Genau wie bei der „Tischarbeit“ eignen sich einige Schüler schnell Arbeitsvermeidungstaktiken an und lehnen sich an die an, die vor Publikum eine natürliche Präsenz zeigen. Schüler, die nur wenig zur Präsentation beigetragen haben, können sich versteckt halten und einen Auftritt und das Feedback vermeiden. Einige kleine Veränderungen im Ablauf können gewährleisten, dass alle Schüler involviert, beschäftigt und für ihren Beitrag verantwortlich sind.

Bevor die erste Gruppe ihre Arbeit präsentiert, bitten Sie die Schüler im Publikum, einen Schüler zu benennen, den sie während der gesamten Präsentation sorgfältig beobachten werden.

Wenn in einer Klasse Arbeiten in Kleingruppen präsentiert werden, reagieren Sie normalerweise auf die ersten Gruppen enthusiastisch, im Verlauf der Sitzungen allerdings lässt Ihr Enthusiasmus in der Regel nach und Sie lassen sich, nachdem Sie sich durch die achte Version derselben Sache gequält haben, kaum mehr zu einem begeisterten „Gut, das war ... interessant“ hinreißen. Machen Sie durch Einführung des genannten Ablaufs jeden Schüler im Publikum verantwortlich dafür, einem anderem Schüler ein Feedback zu geben. Bitten Sie die Schüler, sich in Zweiergruppen zusammenzutun und die zu beurteilenden Kriterien herauszustellen. Dadurch geht es bei dieser Erfahrung mehr um das Lernen als um Massenkontrolle. Sinnvolles individuelles Feedback entsteht, mit – das wird Sie wiederbeleben – weniger Gewicht auf Ihrem schnell improvisierten zusammenfassenden Urteil.

Die Schüler im Publikum müssen in ihrem Kopf oder schriftlich drei Aspekte des Auftritts oder der Präsentation vermerken, die mit den vereinbarten Kriterien übereinstimmten, sowie einen Bereich zur Nachbesserung vorschlagen. Sie können den Kriterien vor der Präsentation als Klasse zustimmen, die Schüler könnten die individuellen Kriterien aber im Vorhinein auch in Zweiergruppen eine Minute lang besprechen.

Bitten Sie das Publikum am Ende jedes Auftritts, das, was sie sagen wollen, kurz vorzubereiten und dann in das Gespräch mit ihrem Partner zu gehen. Alle arbeiten gleichzeitig, sodass in dieser Zeit keine vereinzelte Stimme hörbar ist. Bewegen Sie sich durch den Raum, sammeln Sie Gesprächsfetzen und setzen Sie sie zur Verstärkung der vereinbarten Standards ein. Wenn Schüler einmal realisieren, dass sie der Prüfung nicht entgehen können, wird ihre Motivation bezüglich der Aufgabe sich ändern. Es ist leicht, sich während einer Gruppenpräsentation zu verstecken, wenn die Leistungsbeurteilung die ganze Gruppe betrifft, aber nicht so leicht, wenn man weiß, dass man einzeln beurteilt wird.

Diese Pädagogik ist von Nutzen für den Beziehungsaufbau. Sie können sie so gestalten, dass Schüler, die sich noch nie in die Augen gesehen haben, aufgefordert sind, respektvoll und sogar positiv miteinander umzugehen.

Zur Strategie

Hörst du zu oder wartest du darauf, reden zu dürfen?

Die Konzentration auf die genaueren Abläufe oder Arten der formalen Konversation setzt hohe Ansprüche an die Qualität sowohl des Zuhörens als auch des Redens. Definieren Sie die Fertigkeiten, Einstellungen und verschiedenen Arten des Zuhörens und setzen Sie die Ergebnisse als Checkliste ein. Wir hören auch zu mit unseren Augen, unserer Körpersprache, unseren „Ähms" und „Hms" und Bemerkungen wie „Stimmt!". Gute Zuhörer warten nicht bloß darauf, dass ihre Redezeit bald beginnt, oder denken gar an ein vergleichbares Beispiel aus ihrem eigenen Leben. Gute Zuhörer lauschen und stellen Fragen, um zu verstehen, nicht um zu vergleichen, zu lösen oder zu urteilen. Sie schauen aufmerksam, sitzen leicht nach vorn geneigt und neigen ihren Kopf vielleicht zur Seite. Gute Zuhörer möchten lernen und nicht einfach nur den Ball zurückspielen.

Aktives Zuhören vermitteln
„Wir hören zu mit unseren Körpern, unseren Augen, unseren ‚Ähms' und ‚Hms'."

Reflektierte Gefühle
Sie zeigen, dass Sie zugehört haben, und verstehen, was die Schüler gesagt haben, z. B.: „Du hast/hattest also den Eindruck, dass ...".

Rückmeldung
Der Sprecher verlässt sich auf die Rückmeldung des Hörers durch Nicken, Lächeln oder Ausrufe wie „Ähm“, „Richtig“, „Oh“, „Hm“ oder „Jawohl“. Die Antworten signalisieren dem Sprecher, dass er oder sie verstanden wird, bestätigen, dass der Zuhörer interessiert ist und lauscht, und spiegeln Zustimmung oder Missbilligung wider.

Paraphrasieren
Hier wird formuliert, was bereits gesagt wurde – nur auf andere Weise. Das Umformulieren bietet Ihnen die Möglichkeit zu überprüfen, ob Sie richtig gehört haben, es signalisiert, dass Sie immer noch zuhören, und regt zu weiterer Auseinandersetzung mit dem Thema an, z. B. durch Sätze wie: „So wie ich es verstanden habe ...“ oder „Du möchtest offensichtlich sagen, dass ...“.

Fokussieren
Sie können einzelne Punkte/Probleme fokussieren, indem Sie spezifische Fragen stellen, um spezifische Informationen zu bekommen, z. B. „Erzähl mir von ...“ oder „Was fühlst du, wenn ...“.

Die Anwendung all dieser Punkte etabliert allmählich eine Beziehung und gibt Ihnen die Möglichkeit, das Problem aus der Perspektive eines anderen anzugehen.

Peer-Feedback-Kategorien

Bieten Sie Schülern, die das Peer-Assessment gut beherrschen, verschiedene Kategorien an, mit denen sie spielen können. Sie könnten z. B. die Folgenden ausprobieren:

„Hör zu ...
... so aufmerksam wie jemand, der gerade eine Sprache lernt.“
... als ob du an jedem Wort hängen würdest.“
... als ob dir wahre Weisheit zuteil geworden wäre.“
... als ob sämtliche Informationen von lebensnotwendiger (geheimer) Bedeutung wären.“

„Schreibe ...
... eine Postkarte nach Hause.“
... eine Mitteilung an einen wichtigen Kunden.“
... eine Auflistung in einer E-Mail.“
... den Bericht eines Prüfers.“
... eine Besprechung der Arbeit in einer Zeitung.“
... einen Blogeintrag.“

Aus der Praxis

Eine Schule inmitten einer bangladeschisch-pakistanischen Gemeinde ist ein faszinierender Arbeitsplatz. Die Trennung zwischen Jungen und Mädchen wurde immer nur in der Klasse aufgehoben, was mit Angst und Beklommenheit verbunden war. Der Zusammenprall zwischen konservativen muslimischen Werten und modernem Unterricht wurde vor allem in aktiven Fächern deutlich. Die Jungen wollten nicht mit den Mädchen arbeiten. Den Mädchen war der Arbeitspartner glücklicherweise im Allgemeinen eher egal, aber die Jungen wollten nicht im Gespräch mit ihnen gesehen, geschweige denn für die Aufführung einer Szene mit ihnen verpflichtet werden. Das Unterrichten hinter Schreibtischen war generell unproblematischer als aktiver Unterricht in offenen Räumen, mit Übungen, die physischen Kontakt erforderten. Die Szene ähnelte zunächst der in einer Teenagerdisco, die Jungen standen auf der einen Seite und die Mädchen auf der anderen. Ich kam von einer Schule, in der es eine solche Trennung nicht gab. Wir hatten hingegen wirklich nicht wenig Zeit damit verbracht, die älteren männlichen und weiblichen Schüler dazu zu bringen, ihre Hände voneinander zu lassen. Schnell wurde klar, dass ich hier zwei Klassen statt einer unterrichtete.

Ich versuchte, einige Änderungen einzuführen, stieß aber von Anfang an auf Widerstand. Mir wurde klar, dass ich die Kluft zwischen den Geschlechtern überbrücken musste – mit einem tieferen Verständnis der kulturellen Trennung und mit der Einführung aktiver, risikoarmer Aufgaben in einer sehr strukturierten Umgebung.

Meine erste Aufgabe war es, im Islam eine Grundlage für das gemeinsame Lernen zu finden. Das war bemerkenswert einfach. Obwohl es nicht aus dem Koran stammt, wird das folgende Zitat meist Mohammed zugeschrieben – ich habe es oft zitiert:

„Strebe nach Wissen, selbst wenn du zu diesem Zweck bis nach China gehen müsstest."

Ein weiterer, vielleicht authentischerer Kommentar zum Wert der Erziehung findet sich im Heiligen Koran:

„Ein Mann, der eine Sklavin hat, der ihr gutes Benehmen beibringt und ihre Bildung unterstützt, der ihr anschließend die Freiheit schenkt und sie heiratet, wird doppelten Lohn erhalten; und jeder Sklave, der seine Pflichten gegenüber Allah und seinem Herrn erfüllt, wird doppelten Lohn erhalten."
(frei übersetzt nach Sahih Bukhari, Manumission of Slaves, Volume 3, Book 46, Number 723)

Der Wert von Erziehung ist allen klar. Geh so weit wie du gehen musst und tu, was immer notwendig ist, um dich selbst zu erziehen. Dies schließt auch ein, dass man in seiner Klasse an der Seite anderer arbeitet, unabhängig von deren Geschlecht. Ich brachte diese Erkenntnis bei einigen einflussreichen Eltern an und sie stimmten zögerlich zu. Um ihnen zu zeigen, welche Art von Aktivitäten ich im Sinn hatte, lud ich einige Eltern zum Besuch einer Unterrichtsstunde mit jüngeren Schülern ein, denen die Geschlechtertrennung weniger bewusst war als den älteren Schülern. Die Eltern gaben mir ein paar Ratschläge und vermittelten mir die Grenzen für angemessenen physischen Kontakt, wodurch ich eine stabile Grundlage für die Einführung von Veränderungen bei den Schülern erhielt. ▶▶

Neben der Arbeit an einer starken Argumentation begann ich mit der Planung von Aktivitäten, die Gespräche über das Lernen anregen sollten – praktische Paararbeiten, gemischtgeschlechtliche Aufführungen und, eventuell, sicherer physischer Kontakt zwischen männlichen und weiblichen Schülern. Die unvermeidlichen Proteste der Jungen wurden freundlich niedergerungen. Schließlich hatte ich die Unterstützung von Stimmen, die wesentlich stärker als meine eigene waren. Im Verlauf von zwei Jahren „gingen wir alle nach China", viele Male, dabei entstanden bemerkenswerte Arbeiten und die für gewöhnlich ungestümen Jungen wurden zu einfühlsamen und sogar untergeordneten und vertrauensvollen Persönlichkeiten.

Ich lernte in dieser Zeit viel über den Islam, über Glauben, Gemeinschaft und die muslimische Kultur, häufig durch Aufdeckung meiner Unwissenheit und deren Korrektur durch geduldige Schüler. Die Einführung einer Unterrichtseinheit zur Todesstrafe begann ich mit der großen Frage: „Wer hat das Recht über Leben und Tod zu entscheiden, der Staat oder das Individuum?" Das war die Frage, die in einem Projekt erforscht werden sollte. Asif hob geduldig die Hand und antwortete: „Allah hat das Recht über Leben und Tod zu entscheiden." Er erntete einhellige Zustimmung. Das zwölfwöchige Arbeitspensum war in 12 Sekunden erledigt. ◀

Geeignete Vorgehensweisen für die Primarstufe und die Sekundarstufen

Primarstufe

Kognitive Arbeit, Paararbeit, Gedankenaustausch

Die Schüler werden dazu angeregt, einen Moment innezuhalten und zu überlegen, was sie sagen möchten und wie sie antworten werden, bevor sie sich in Zweiergruppen zusammentun und ihre Gedanken über die Arbeit oder Aufgabe austauschen.

Leistungsbeurteilung mithilfe von Symbolen und Punktzahlen

Karten mit Punktzahlen, die im Stile von Olympia zur Bewertung mit der Hand hochgehalten werden, sind spaßig – aber wie bei jedem Punktesystem muss den Ziffern auch eine Bedeutung zugeschrieben werden. Erstellen Sie vor Beginn der Bewertung durch die Gruppe mit den Schülern eine Skala und beziehen Sie diese auf die spezifischen, zu beurteilenden Kriterien.

Sekundarstufe I

Komplexe Wertungssysteme

Komplexere Wertungssysteme können ähnlich denen im Sport gestaltet sein, wo technische Schwierigkeit, Stil oder Präsentation beurteilt werden. Moderne Wertungs- und Punktesysteme sind bekannt aus Fernsehshows wie „Let's dance". Sie könnten z.B. folgende Wertungstabelle einsetzen:

Wertungstabelle Referat	**Gesamt**									
Stimmkontrolle	1	2	3	4	5	6	7	8	9	10
Visuelle Hilfsmittel	1	2	3	4	5	6	7	8	9	10
Vortragsstil	1	2	3	4	5	6	7	8	9	10
Ansprache des Publikums	1	2	3	4	5	6	7	8	9	10
Einbeziehung des Publikums	1	2	3	4	5	6	7	8	9	10
Technische Schwierigkeit	1	2	3	4	5	6	7	8	9	10
Leidenschaft für das Thema	1	2	3	4	5	6	7	8	9	10
Wissenschaftliche Fundierung	1	2	3	4	5	6	7	8	9	10
Vertrautheit mit dem Material	1	2	3	4	5	6	7	8	9	10
Wissen über das Thema	1	2	3	4	5	6	7	8	9	10

Begründung für die Gesamtpunktzahl ______________________________

____

Anonymes Peer-Assessment
Auszüge aus schriftlichen Arbeiten werden zur Leistungsbeurteilung ausgehängt und mithilfe von Pins und Fäden mit den entsprechenden Kriterien verbunden; setzen Sie von den Schülern erstellte Kriterien ein und stellen Sie eine Verbindung zu den Abschluss-/Stufen-Anforderungen her.

Himmel und Hölle: Entwicklung und Ausbau von Peer-Gesprächen

Die Bewegung dieses gefalteten Spielgeräts gefällt selbst Erwachsenen. Manchmal wecken schon kleine und scheinbar alberne Dinge Motivation und Konzentration.

Viele Schüler werden die Erwartungen in Bezug auf die Strukturierung von Diskussionen und fokussiertes Feedback erfüllen, aber Unterstützung bei der Entwicklung des Gesprächs brauchen. Das Spiel „Himmel und Hölle“ kann die Schüler bei der Peer-Befragung unterstützen, so viel wie möglich aus dem Peer-Assessment herauszuholen.

Führen Sie die folgenden „Könntest du ...?“-Fragen ein und bitten Sie die Schüler, einige davon für ihr Himmel und Hölle-Spiel auszuwählen. Die Fragen werden auf der Innenseite notiert, die Außenlaschen können durch Nummerierung, Bebilderung, farbige Gestaltung, Schlüsselbegriffe usw. frei gestaltet werden.

Könntest du ...

auflisten, definieren, erzählen, beschreiben, identifizieren, zeigen, benennen, zusammenfassen, interpretieren, kontrastieren, vorhersagen, schätzen, differenzieren, diskutieren, erweitern, illustrieren, untersuchen, verknüpfen, trennen, gliedern, erklären, anordnen, teilen, vergleichen, integrieren, neu ordnen, zusammensetzen, formulieren, generalisieren, entscheiden, aufstellen, benoten, bemessen, empfehlen, überzeugen, auswählen, richten, unterscheiden, schlussfolgern?

(adaptiert nach Bloom, 1969)

Bastelanleitung: Himmel und Hölle

Sie benötigen ein quadratisches Blatt Papier, am besten in der Größe 15 cm × 15 cm.

1. Falten Sie das Papier entlang der einen Diagonale. Entfalten Sie es wieder. Falten Sie das Papier anschließend entlang der anderen Diagonale und entfalten Sie es wieder. Der Mittelpunkt des Papiers wird durch die Schnittstelle der beiden Falze markiert.
2. Falten Sie eine Ecke des Blattes zum Mittelpunkt. Wiederholen Sie den Vorgang mit den verbliebenen drei Ecken.
3. Drehen Sie das Papier um.
4. Falten Sie eine Ecke des Blattes zur Mitte des Papiers. Wiederholen Sie den Vorgang mit den verbliebenen drei Ecken.
5. Belassen Sie das Blatt in dieser Position und falten Sie das Papier in der Mitte. Ihr Papier sollte nun eine rechteckige Form haben.
6. Entfalten Sie die letzte Faltung und drehen Sie das Quadrat um 90°. Wiederholen Sie Schritt 5.
7. Heben Sie das Papier in dieser Position an. Schieben Sie Ihre Daumen und Zeigefinger in die Innenseiten der Laschen auf der Vorder- und Rückseite.
8. Drücken Sie nun das Papier zusammen, sodass ihre Fingerkuppen aufeinandertreffen.
9. Sie können das Himmel und Hölle-Spiel jetzt beschriften und anwenden. Notieren Sie auf jeder der vier Laschen den Namen einer Farbe (z. B. rot, blau, grün, gelb).
10. Wenden Sie das Papier, sodass die Laschen nach unten zeigen. Dadurch werden vier große Dreiecke und acht kleinere sichtbar. Schreiben Sie auf jedes der kleineren Dreiecke eine beliebige Zahl.
11. Öffnen Sie die großen Dreiecke, auf deren Rückseite sich weitere acht kleinere Dreiecke befinden, die durch eine Falz getrennt sind. Schreiben Sie eine Frage auf jedes dieser Dreiecke (Vorschläge siehe obige Auflistung).
12. Das Himmel und Hölle-Spiel ist jetzt fertig und kann benutzt werden.

Spielanleitung

1. Stecken Sie Ihre Daumen und Zeigefinger in die vier Laschen und halten Sie die Figur hoch. Bitten Sie einen Partner, sich eine der vier auf den Außenseiten notierten Farben auszusuchen. Buchstabieren Sie die Farbe und bewegen Sie dabei die Laschen abwechselnd in verschiedene Richtungen.
2. Bitten Sie Ihren Spielpartner, sich eine der nun sichtbaren Zahlen auszusuchen. Zählen Sie bis zu dieser Zahl, während Sie wiederum gleichzeitig Ihre Daumen und Zeigefinger abwechselnd in verschiedene Richtungen bewegen.
3. Ihr Spielpartner soll sich nun nochmals eine der sichtbaren Zahlen aussuchen. Öffnen Sie das große Dreieck der entsprechenden Zahl und lesen Sie die Frage vor.

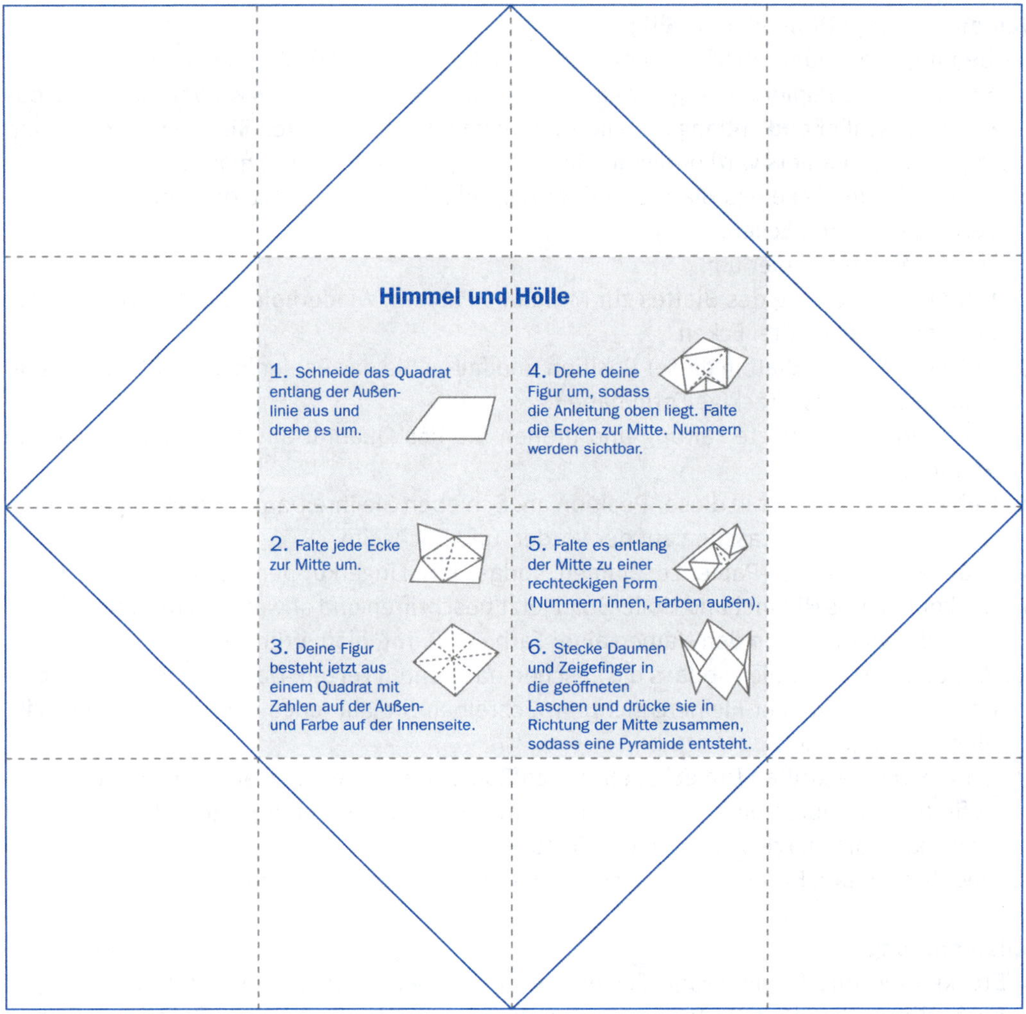

Abbildung 4.1

Sekundarstufe II

Alte Hasen

Setzen Sie Schüler, die ihre Prüfung bereits abgelegt haben, ein, um Beispielmaterial für die praktische Arbeit bereitzustellen. Wenn Sie etwa Beispiele für Fähigkeiten und Einstellungen zur Arbeit in Hinblick auf Prüfungserfolge und abschließende Beurteilungen bereitstellen wollen, bitten Sie Ihre 13. Klasse, sich bei der Arbeit an einem Projekt zu filmen. Ein Leistungskurs könnte eine Karte gestalten zum Thema: „Was ich gern gewusst hätte, als ich mit diesem Kurs begonnen habe.“ Die 13. Klasse könnte für die 12. Klasse auch eine Stunde, eine Videoaufzeichnung oder eine Broschüre vorbereiten zum Thema „Wie man die Prüfungsvorbereitungen überlebt.“

Übung

Schüler, die es nicht gewohnt sind, miteinander zu reden, geschweige denn, sich gegenseitig einzuschätzen, können durch sichere und strukturierte öffentliche Interaktion Vertrauen aufbauen. Die folgenden einfachen Übungen, „Karussell“ sowie das „Vierzeilen-Spiel“, sind bestens geeignet, die Schüler zum Reden, Spaß haben und Lachen zu bringen sowie Vertrauen auf- und Vorurteile abzubauen. Sparen Sie Zeit bei der Diskussion, Verhandlung und Durchführung von Vertrauensfragen, indem Sie Zeit in ein Spiel investieren.

Jede Übung hat dieselbe Grundanordnung. Schüler stehen oder sitzen mit einander zugewandten Gesichtern in einem Innen- und einem Außenkreis. Jeder hat einen Partner. Der Außenkreis bewegt sich, im Gegensatz zum Innenkreis. Diese Grundanordnung kann nun auf verschiedene Weise genutzt werden:

Karussell – Stellen Sie eine Frage mit vielen Antwortmöglichkeiten. Die Partner tauschen innerhalb einer Minute jeweils einen Gedanken aus, dann dreht sich der Außenkreis im Uhrzeigersinn eine Position weiter. Die neuen Partner tauschen wiederum je einen Gedanken aus, und so weiter. In der Mitte steht der Lehrer oder ein Schüler und sammelt Ideen für die anschließende Besprechung in der Klasse oder eine Zusammenfassung der besten Gedanken. Diese Übung kann auch eingesetzt werden, um sämtliche Sichtweisen auf einen einzelnen Aspekt zu diskutieren.

Vierzeilen-Spiel – Jeder Schüler muss im Rahmen eines Vier-Zeilen-Gesprächs zwei Sätze sprechen. Der erste Satz wird vom Schüler im Innenkreis gesprochen (A), anschließend spricht der Schüler im Außenkreis (B). Die Sätze sollten kurz und leicht zu merken sein sowie Spielraum für Interpretation bieten. Ein Beispiel könnte lauten:

A „Was war das?“
B „Was?“
A „Das Geräusch.“
B „Oh nein!“

Spielen Sie jetzt mit dem Gespräch. Folgende Anregungen können hilfreich sein:

- Variieren Sie die Art des Sprechens, dadurch ändert sich die Bedeutung: flüstern, schreien o. Ä.
- Schlagen Sie verschiedene Gefühle vor: Angst, Aufregung, religiöser Eifer.
- Variieren Sie die Geschwindigkeit: langsam und verzweifelt oder schnell und wütend.
- Stellen Sie sich verschiedene Situationen vor: durch ein Schlüsselloch, während eines Stromausfalls, auf einem kleinen Boot.
- Bitten Sie die Schüler, die Übung ohne Worte fortzuführen.
- Bitten Sie die Schüler, einander auf alle durch Worte und Berührung möglichen Arten zu begrüßen: Hände schütteln, Abklatschen, „Gangsta“-Stil (d. h. eine Abfolge von Handbewegungen in einer unergründlichen Reihenfolge).

Denkanstöße

» Was wird der Lohn für die Vermittlung effektiven Peer-Assessments an Ihre Schüler sein?

» Wie können Sie hohe Erwartungen aufstellen und Prioritäten auf das Peer-Assessment setzen?

» Wie viele Ihrer Schüler vermeiden die Arbeit miteinander? Wie würden sie bei unterschiedlichen Gelegenheiten von der Zusammenarbeit mit anderen Schülern profitieren?

Zusammenfassung

Verfolgen Sie vehement die vereinbarten Standards bezüglich des Peer-Assessments. Kompetente Beurteiler steigern nicht nur ihre eigene, sondern auch die Leistung der Gruppe, mit der sie arbeiten. Ihre Auslastung wird signifikant abnehmen, sobald Ihre Schüler die Verantwortung für die gegenseitige Leistungsbeurteilung übernehmen.

Auf einen Blick

- Peer-Assessment ist weder eine Nachlese noch ein Zusatzelement für die Schulaufsichtsbehörde, sondern wesentlicher Motor einer produktiven und effizienten Klasse.
- Machen Sie deutlich, dass Sie erwarten, dass die ganze Gruppe sich gegenseitig beurteilt und weigern Sie sich, den Vorurteilen und Freundschaften Ihrer Schüler Rechnung zu tragen.
- Nehmen Sie sich Zeit, Ihren Schülern ein Modell des von Ihnen gewünschten Verhaltens aufzuzeigen und zu analysieren und setzen Sie dabei hohe Maßstäbe.
- Weigern Sie sich, träge Gespräche zu akzeptieren, so wie Sie sich weigern, unvollständige Hausaufgaben anzunehmen.
- Führen Sie für die Schüler einfache Abläufe ein.
- Unterstützen Sie Schüler darin, möglichst viel Nutzen aus dem Peer-Assessment zu ziehen, indem Sie nach und nach Ideen für weiterführende Fragen anstoßen.

Fachliteratur

Bloom, B.S. (ed.) (1969): Taxonomy of Educational Objetives: The Classification of Educational Goals – Handbook 1: Cognitive Domain McKay

Bloom, B.S. (Hrsg.) (1974): Taxonomie von Lernzielen im kognitiven Bereich. 2. Auflage. Weinheim/Basel: Beltz

Wo stehen wir?

Der Assessment-Baum

Die wachsenden Zweige stellen Schüler dar, die zusammenarbeiten, um gegenseitig ihre Entwicklung voranzutreiben.

Kapitel
5

Vereinbarte Zielsetzungen

„Man bringt einem Kind das Lesen bei, und dann kann er oder sie einen Lese- und Rechtschreib-Test bestehen."

(George W. Bush, 21. Februar 2001)

In diesem Kapitel erfahren Sie etwas über

- Strategien zur erfolgreichen Übertragung der Verantwortung für die Zielsetzung an Ihre Schüler
- das Vereinbaren von Zielsetzungen mit den Schülern, sodass diese sinnvoll sind, von den Schülern anerkannt werden und die Schüler entsprechend handeln
- die Unterstützung der Schüler bei der Organisation der Anzahl und des Umfangs der angestrebten Ziele

Anderen Menschen Ziele zu setzen, ist nicht produktiv. Wenn Menschen motiviert werden sollen, ein Ziel zu erreichen, muss man sie einbeziehen. Nicht, indem sie einem Ziel zustimmen oder Ihrem Ratschlag folgen, sondern indem sie in die Gestaltung der Kriterien einbezogen werden und ihnen zustimmen. Sie müssen sie anerkennen, Kontrolle über sie haben und sich daran binden. In jedem beliebigen Selbsthilfebuch, Beurteilungsbogen, Beratungs- oder Coachinghandbuch lautet die Botschaft immer gleich. Schüler müssen Verantwortung für ihre Zielsetzung und für die Darstellung des Fortschritts in Richtung dieser Ziele übernehmen. Als Bestandteil des Classroom-Assessments können Zielsetzungen für Lehrer und Schüler ernsthaft sinnvoll sein, wenn die Ziele von den Schülern anerkannt und für sinnvoll erachtet werden, in Verbindung zu ihren weiteren Bestrebungen stehen und von begrenzter Anzahl sind.

Lehrer sind irritiert von der starken Betonung der Zielsetzung und der damit verbundenen Bürokratie. Auf unseren Tischen und in unseren Eingangskörben landet immer mehr Papierkram und wir werden überschwemmt von Zielforderungen der Schulämter, die ihrerseits gezwungen sind, einen Großteil ihrer Zeit mit der Erhebung von Daten zu verbringen. Ziele für Berichte, Verhalten, Prüfungen, Lese- und Schreibfähigkeit, Rechenfähigkeit, Hausaufgaben, Kursarbeiten, Aufmerksamkeit, gesundes Essen, Atmen und Freundlichkeit – es ist eine absurde bürokratische Schnitzeljagd, die Lehrer, die unterrichten wollen, frustriert. Schlimmstenfalls ist es ein langweiliger und demotivierender Prozess, der die Erwartungen der Schüler einschränkt und nur die Datentrolle mit einem Fetisch für Statistik, Graphiken und Tabellen nährt.

Es ist nicht bewiesen, inwieweit eine solch erweiterte Kultur des Zielesetzens die Erziehung tatsächlich beeinflusst. In der Klasse jedoch ist effektive Zielsetzung ein wesentliches Element konstruktiver Leistungsbeurteilung. Bei richtiger Gewichtung können Sie beobachten, dass Schüler die Zielsetzungen einsetzen, um ihre eigenen Erwartungen und Leistungen zu erhöhen.

Die Formulierung „Zielsetzung“ hat viele Lehrer zu der Annahme verleitet, sie seien dafür verantwortlich, anderen Menschen Ziele zu stecken. Wenn die Gewichtung so ist, dass Lehrer zuerst die Ziele für ihre Schüler stecken und diese dann nur die zur Erreichung dieser Ziele notwendigen Schritte ausarbeiten, ist dieses Modell nicht geeignet, Selbstständigkeit anzuregen oder zu unterstützen. Dieses Modell ist auch nicht kompatibel mit der Forderung, die Schüler sollen ihr Lernen selbst in die Hand nehmen. Zur Zielsetzung in verschiedenen Kontexten finden sich in offiziellen Stellungnahmen immer noch große Widersprüche: In Bezug auf das Classroom-Assessment wird meist zu gemeinsamen Zielen geraten, die von den Schülern verfolgt werden und mit den Lehrern vereinbart wurden, während andere Dokumente als wesentlichen Punkt postulieren, dass die Ziele, die für jeden Schüler gesteckt werden, sowohl realistisch als auch eine Herausforderung sein sollen.

Lehrer fühlen sich gezwungen, Ziele festzulegen, die nicht nur für die Schüler sinnlos, sondern auch aus Standardantworten abgeleitet sind. Diese Standardantworten könnten von

Softwaresystemen automatisch generiert werden oder dem „Zielegenerator“ in unseren Köpfen entnommen werden: „Jason's Ziel ist es, sich nach Möglichkeit gemäß der Ziele zu verhalten, die ihm vorgegeben wurden, während er vorgibt, immer noch ein autonomes Individuum zu sein.“ So viele von uns legen Lippenbekenntnisse ab, spielen ein Spiel, von dem wir wissen, dass es wenig oder keinen Einfluss auf den Erfolg hat; wir spielen ein Spiel, bei dem es mehr um das Abarbeiten als um die Schüler, mehr um die richtige Antwort als um das Wissen geht.

Vielleicht ist es an der Zeit, das erlangte Wissen über das Thema Zielsetzung allmählich infrage zu stellen; einen Prozess zu entwickeln, zu dem die Schüler sich bekennen, sinnvolle und nützliche Ziele auszuhandeln, die Anzahl der Ziele zu begrenzen, sodass diese auch (realistischerweise) umgesetzt werden können, und die Zielsetzung auf das Verstehen des nächsten Lernschritts sowie auf die Träume und Bestrebungen des Schülers zu fokussieren.

Ziele mit emotionalem Kick

Wenn allein die Zielsetzung die Leistung steigern würde, wäre das Leben so viel einfacher. Wir könnten ein Ziel setzen, die Schüler würden es erreichen und dann würden wir ein Neues definieren. Tatsächlich aber ist es so: Wenn Zielsetzung Leistung steigert, geschieht dies nicht unabhängig von allem anderen.

Manche Menschen behalten Ziele vorwiegend im rationalen Bereich des Gehirns. Das Ziel muss erreicht werden, weil das Ziel gesetzt worden ist. Für andere braucht das Ziel eine emotionale Ergänzung: „Ich möchte meine Abschlussprüfung in Mathematik bestehen, weil mein Vater dann stolz ist“ oder „Ich möchte Sätze mit größerer Genauigkeit strukturieren können, weil ich mich im Umgang mit anderen Menschen sicherer fühlen will“. Der emotionale Kick wirkt motivierend. Fehlt er, ist das Bedürfnis, auf das Ziel hinzuarbeiten, sehr gering. Diese emotionale Verbindung wird selten hervorgehoben. Wir wissen, dass Menschen von ihren Emotionen geleitet werden. Ziele, die allein einen rationalen Gedanken- und Bezugsrahmen haben, ignorieren die Bezüge, die für Schüler wirklich wichtig sind.

Zielsetzung hat nur dann eine Wirkung auf die Leistung, wenn:

» Schüler die detaillierten Kriterien, auf die sie hinarbeiten, wirklich verstehen.
» Schüler bei der Zielsetzung gemeinsam Verantwortung übernehmen.
» Schüler ihre eigenen Fortschritte beobachten und Erfolge im Hinblick auf das Ziel aufzeichnen.
» Schüler zeitgleich nur an zwei oder drei Zielen arbeiten.
» Schüler motiviert sind, auf die Ziele hinzuarbeiten; Ziele befassen sich mit dem „Was“ und dem „Wie“, z. B.: „Was ist mein Ziel und warum möchte ich es erreichen?“, Ziele sind mit Gefühlen verknüpft, z. B.: „Ich möchte Sätze mit größerer Genauigkeit strukturieren können, weil ich mich im Umgang mit anderen Menschen sicherer fühlen will.“
» Ziele sinnvoll sind und mit weiteren Bestrebungen der Schüler verbunden werden.

Am Ende dieser Stunde werden einige von euch das gelernt haben, was ich euch beibringen wollte, auch wenn manche nicht realisieren werden, dass sie es wissen. Einige von euch werden viele verschiedene Dinge über das Leben und Beziehungen gelernt haben. Andere werden nächste Woche/nächsten Monat/nächstes Jahr aufwachen und fähig sein, das Gelernte hervorzuholen, die Fragen in der abschließenden Klassenrunde aber nicht sofort beantworten können.

Wir verbringen viel Zeit mit dem Versuch der Vorhersage und Kategorisierung dessen, was Schüler lernen werden, wenn wir gerade wenig Kontrolle darüber haben. Können die Versuche, Ergebnisse vorherzusagen, Schüler wirklich dazu bringen, die Leistung zu steigern oder die Lernmotivitation zu erhöhen?

Für mich ist der Ansatz: „Ich werde versuchen, euch etwas beizubringen; wenn ihr glaubt, dass ihr es gelernt habt, lasst es mich sofort wissen“ ehrlicher und faszinierender.

Zur Strategie

Nützlich ist wichtiger als SMART

Das Akronym SMART (**S**pecific **M**easurable **A**ccepted **R**ealistic **T**imely) dient im Bereich des Projektmanagements der eindeutigen Definition von Zielen. Ziele sollen spezifisch, messbar, akzeptiert, realisierbar und terminierbar sein. Smarte Ziele sehen toll aus und sind organisiert, detailliert, sogar verlockend. Es entsteht der Eindruck, als würde jeder Einzelne eigenverantwortlich und eifrig auf ein definiertes Ziel hinarbeiten und ein vollwertiges Mitglied der „Gesellschaft für korrektes Lernen“ sein. Das Kästchen ist abgehakt, das Management und die Prüfer sind zufrieden und eine schnelle Leistungssteigerung scheint unvermeidlich.

Für viele Lehrer hat der Ausdruck SMART die Bedeutung „keine weitere große Bürokratie“ angenommen. Fortbildungen werden organisiert und Schüler darüber informiert, dass sie all ihre Ziele auf dieselbe Art strukturieren müssen. Denjenigen, die seit Jahren ihre eigenen Zielsetzungen mit ihrer eigenen Methodik erfolgreich aufstellen, wird ein „besserer Weg“ aufgezeigt und diejenigen, die gerade lernen, strategischer zu denken, werden in Strukturen gezwungen, die zu früh zu viel verlangen.

Wir differenzieren und personalisieren unsere Verhaltensweisen und unsere Unterrichtsgestaltung, erwarten aber, dass jeder auf dieselbe Art Ziele setzt. Tatsächlich aber finden manche Menschen SMART-Ziele sehr nützlich, während andere von Zielen angetrieben und geleitet werden, die nicht im mindesten SMART sind. Manche Menschen müssen ihre Ziele in dreifacher Ausfertigung niedergeschrieben und gespeichert immer bei sich tragen, während andere ihre Ziele erfolgreich in ihren Köpfen bewahren. Ziele funktionieren bei unterschiedlichen Menschen unterschiedlich. Ich persönlich mag langfristige, schwer messbare, scheinbar unmögliche und unrealistische Ziele. Es entsteht der Eindruck, dass wir Ziele ähnlich einsetzen und ähnlich formulieren, aber in Wahrheit sind diese so individuell wie unser Fingerabdruck.

Es mag eine Reihe von Gründen geben, warum bekanntermaßen sorgfältige Lehrer sich weigern, für Schüler SMART-Ziele zu gestalten – sie haben keine Zeit für eine bürokratische Schnitzeljagd, sie haben das Gefühl, dass das Erstellen von Zielen für andere Leute nicht funktioniert oder glauben nicht an die SMART-Struktur. Die SMART-Struktur ist eine Möglichkeit der Durchführung einer solchen Zielsetzung, sie kann aber auch restriktiv, langatmig und abschreckend sein. Wesentliches Merkmal eines Zieles ist seine Sinnhaftigkeit für den Schüler. Die Tatsache, dass es nicht in ein bestimmtes System passt, bedeutet nicht, dass es keine Wirkung auf die Leistung haben kann.

Nützliche Ziele sind solche, die der Schüler setzt, skizziert und an die er sich bindet. Die Art, in der sie aufgeschrieben oder aufgezeichnet sind, ist nicht so wichtig wie die Bedeutung, die sie tragen. Fördern Sie deren Gestaltung unter Gebrauch der Sprache und Bildlichkeit der Schüler, verstärken Sie sie mit Bezug auf die Bestrebungen und Gefühle der Schüler, kartieren Sie sie deutlich und widerstehen Sie der Versuchung, die entsprechenden Zeitrahmen zu begrenzen.

Der Nutzen des Ziels ist so viel wichtiger als die Beantwortung der Frage, ob es SMART ist oder nicht.

Ziele und Erwartungen

> *„Schulen/Hochschulen, in denen Angestellte sich kollektiv als kompetent einschätzen, akademischen Erfolg zu fördern, schaffen eine positive Atmosphäre für Entwicklungen in ihren Schulen und fördern damit akademische Leistungen, unabhängig davon, ob dies vorwiegend bevorteilten oder benachteilten Schülern dient.“*
>
> (Bandura 1994)

Die Zusammenhänge zwischen hohen Erwartungen und Erfolg und niedrigen Erwartungen und Misserfolg sind zahlreich dokumentiert. In Rosenthal und Jacobson's *Pygamlion in the Classroom* (1968) händigte man Schülern im Rahmen eines Experiments einen Intelligenztest zur Vorhersage ihres Erfolgs im kommenden Schuljahr aus. Den Lehrern wurde mitgeteilt, welche Schüler „aufblühen“ werden und welche nicht. Tatsächlich wurden die Testergebnisse ignoriert und die Schüler willkürlich in „Aufblüher“ und „Nicht-Aufblüher“ eingeteilt. Die „Aufblüher“ machten im Gegensatz zu den „Nicht-Aufblühern“ signifikante Fortschritte in standardisierten Tests. Entscheidende Bedeutung kam dabei den Erwartungen der Lehrer zu.

Nach dem Attentat auf Martin Luther King unternahm Jane Elliott (vgl. Websites, S. 88) den Versuch, das Thema „Rassismus“ in ihrer Klasse, in der nur weiße Schüler waren, praxisnah zu behandeln. Sie händigte ihren Schülern eine pseudowissenschaftliche Erklärung aus über den Zusammenhang von Augenfarbe und Erfolg. Schüler mit braunen Augen, erzählte sie ihnen, seien weniger wert als Schüler mit blauen Augen. Braunäugige Schüler wurden als nicht vertrauenswürdig, faul und begriffsstutzig beschrieben, während blauäugigen Schülern besondere Privilegien zugeschrieben wurden. Sie teilte ihre Klasse in zwei Gruppen und lobte im Folgenden die blauäugigen Kinder, während sie die Braunäugigen sanktionierte. Die Folgen waren dramatisch. Die blauäugigen Kinder agierten herrisch und geringschätzig gegenüber ihren braunäugigen Klassenkameraden. Die braunäugigen Schüler zogen sich schnell zurück, agierten ängstlich und unterlegen. Blauäugige Schüler verbesserten ihre Noten und waren auch bei Aufgaben schnell erfolgreich, die vorher außerhalb ihrer Reichweite lagen, während selbst die begabtesten braunäugigen Schüler über einfache Fragen stolperten.

In *The Black and White Test Score Gap* wies Jencks (1998) nach, dass die Herkunft bzw. Abstammung des Schülers eine wichtige Information ist, die Lehrer nutzen, wenn sie sich einen Eindruck vom Schüler und seinem Potenzial verschaffen. Einfach gesagt: Wenn Lehrer erwarten, dass Schüler gut sind und sich intellektuell entwickeln, tun die Schüler das; wenn Lehrer diese Erwartung nicht haben, werden Durchführung und Entwicklung nicht in gleichem Maße angeregt und können unter Umständen sogar aufgehalten werden. Wir kennen das als „Self-fullfilling Prophecy" – sie wirkt kontraproduktiv auf Zielsetzung und Assessment (vergleiche Abbildung 5.1).

Das Konzept der „Self-fullfilling Prophecy"

Abbildung 5.1

Schüler, die unfähig sind, sich Ziele zu stecken, die eine Herausforderung darstellen, stecken sich leicht erreichbare Ziele, verbunden mit der Erwartung, daran zu scheitern – sie sind gefangen in einem Kreislauf, der sie einschränkt. Schüler, die motiviert sind, durch ihre Zielsetzung voranzukommen, setzen sich Ziele, die sie persönlich voranbringen und deren Erreichen sie von sich selbst erwarten – sie stellen fest, dass sich ihre Leistung beständig verbessert.

Die Erwartungen der Schüler sind schnell festgelegt, aber nur mühsam offenzulegen, ihre Anpassung ist deshalb Teil der Fähigkeit, Ziele auszuhandeln und zu strukturieren. Ihre Erwartungen an die Schüler werden über die Art kommuniziert, in der Sie Ziele mit ihnen diskutieren. Wenn Sie Ihren Schülern Ziele häppchenweise anbieten, entsteht vielleicht der Eindruck, Sie würden ihnen eigenständiges Denken nicht zutrauen. Wenn Sie bewusst Diskussionen über Ziele strukturieren, können Sie zum Aufbau von Erwartungen beitragen und den Schülern die von ihnen anerkannten Ziele überlassen, auch wenn einige davon durch Ihre Erfahrung mit und Ihr Wissen über den Schüler geleitet sind.

Lernzielgespräche

Lernzielgespräche eignen sich zur gemeinsamen Entwicklung von Leistungs- und Lernzielen mit Schülern und ihren Eltern. Gut strukturiert, geplant und eingebunden können sie extrem produktiv sein. Unglücklicherweise sind diese Treffen nicht selten mit Bürokratie und einem Mehr an Arbeitsaufwand verbunden. Fachlehrer füllen im Vorfeld Zielerfassungsbögen pflichtbewusst aus, oftmals ohne ein Gespräch mit dem Schüler zu führen. Die Zielerfassungsbögen werden dann an den entsprechenden Ansprechpartner im Kollegium weitergeleitet. Manche Ziele werden ausgefeilt, sind sinnvoll und nützlich. Andere sind allgemein, repetitiv und – schlimmstenfalls – dieselben, die für den Rest der Gruppe definiert worden sind. Die Schüler bemerken das, sobald sie ihre Zeugnisse vergleichen und diskutieren mit ihren Eltern darüber. Beim Treffen bemüht der Lehrer sich dann, eine Diskussion zum Thema Ziele zu improvisieren, indem er an den Zielen anderer anknüpft. Manchmal sind die Absprachen der Lehrer untereinander dürftig, Zielerfassungsbögen werden in letzter Sekunde abgegeben oder der Lehrer kann sich nur kurz damit beschäftigen. Lernzielgespräche können gut funktionieren, sind aber abhängig von anspruchsvollen, rechtzeitig zusammengestellten und ausgehandelten Zielen. Wenn diese Besprechungen von Bedeutung sind, muss Zeit für ihre Planung und Vorbereitung aufgewendet werden.

Ideen zur Verbesserung von Lernzielgesprächen

„Ziele, die nicht niedergeschrieben sind, sind nur Wünsche."

» Entspannen Sie das Gespräch, indem Sie es in eine andere Richtung lenken.
» Bauen Sie eine enge Beziehung auf und betonen Sie diese.
» Formulieren Sie die Ziele in der Sprache der Schüler (nicht in der Schriftsprache).
» Suchen Sie nach emotionalen Aufhängern für die Ziele.

- Bestärken Sie, was gut läuft, und erhöhen Sie die Erwartungen auf dieser Grundlage.
- Bringen Sie die Sichtweisen anderer/Beweise/Daten vorsichtig mit der Frage ein: „Was glaubst du, kann uns das über dich sagen?"
- Halten Sie dem Schüler durch Ihre Fragen einen Spiegel vor.
- Schaffen Sie sich einen 360°-Überblick: Wer ist beteiligt; wer sieht die Ziele; wer ist sonst noch eingeladen, zur Diskussion beizutragen.
- Verbinden Sie die vereinbarten Ziele mit einer Reihe von Bildern und besprechen Sie, wo diese bereitgestellt werden.
- Klären Sie gemeinsam jede Abkürzung, die Sie bei der Formulierung des Ziels verwendet haben: „Genaues Arbeiten bedeutet ...", „Sicher bedeutet ...".
- Unterstützen Sie die Schüler dabei, für die Ziele einen positiven Rahmen zu schaffen.
- Fassen Sie immer wieder nach!
- Stellen Sie Fragen, um die Motivation zu erhöhen, z. B. „Was hält dich davon ab, das sofort zu tun?"
- Tragen Sie dazu bei, dass die Schüler sich bei den Gesprächen wohlfühlen.
- Führen Sie bei Bedarf Ihre eigenen Ideen ein und wägen Sie sie gegen die Ideen der Schüler ab.
- Gehen Sie davon aus, dass die Schüler die Antwort haben und stellen Sie Fragen, damit sie sie finden.
- Resümieren Sie mit den Schülern, indem Sie überprüfen, inwieweit sich die Schüler noch an die Diskussion erinnern.

Wie viele Ziele?

„Kann ich bitte nach Hause gehen und mich umziehen, ich bin komplett durchtränkt von den Zielen anderer Leute."

Auf wie viele Ihrer selbst gesteckten Ziele arbeiten Sie hin? Schreiben Sie sie auf. Schreiben Sie anschließend all die Ziele auf, die andere Menschen Ihnen gesteckt haben. Wie viele haben Sie gesammelt? Wie viele verfolgen Sie aktiv? Teilen Sie die Ziele in persönliche Ziele und arbeitsbezogene Ziele ein.

Stellen Sie sich nun einen Schüler mit durchschnittlichen Fähigkeiten vor. Wie viele arbeitsbezogene Ziele kann er realistischerweise bewältigen? So viele wie Sie oder weniger? Glauben Sie, dass die Anzahl der Ziele im Verhältnis zum Alter reduziert werden sollte? Wie viele der Ziele sollten curriculumübergreifend und wie viele fachspezifisch sein?

Versuchen Sie, als persönlicher Ansprechpartner Zeit dafür aufzubringen, Ihre Schüler vor allzu vielen Zielsetzungen zu bewahren. Sie werden Ziele nicht nur vereinbaren und ihnen einen Rahmen geben müssen, sondern in gleichem Maße Schüler vor Menschen abschirmen müssen, die versuchen, ihnen unnötige Ziele und solche, die sie überfordern, aufzuerlegen. Diejenigen, die darauf bestehen, die Prioritäten der Schüler durch ihre eigenen zu ersetzen, müssen verstehen, dass es einen Punkt gibt, an dem noch mehr Ziele eine Sättigung zur Folge hätten.

Ziele sortieren

Unterstützen Sie Ihre Schüler durch folgende Fragen beim Setzen von Prioritäten, wenn Sie bemerken, dass sie Ziele haben, die sie verfolgen sollten:

» Hinter welchen Zielen stehst du?
» Welche Ziele sind dir auferlegt worden?
» Welche Ziele möchtest du wirklich erreichen?
» Welche Ziele haben eine emotionale Verbindung?
» Siehst du Gemeinsamkeiten?

Die Einbindung der Lernenden in die Definition von Zielen erhöht die Wahrscheinlichkeit, dass sie die Ziele verstehen und versuchen werden, sie zu erreichen. Manchmal haben Schüler allerdings unrealistische Vorstellungen von dem, was sie erreichen können. Möglicherweise verstehen sie nicht, mit welcher Genauigkeit eine Fähigkeit entwickelt werden muss, oder verfügen über zu wenig Wissen, um gewisse Aufgaben zu meistern. Um realistische Ziele zu setzen, müssen wir in der Lage sein, die Bereitschaft eines Schülers, ein Ziel zu verfolgen, oder seinen Fortschritt in dieser Richtung zu beurteilen.

Feedback benoten

Rückmeldungen zur Arbeit des Schülers sind oft voll von willkürlichen Zielen, wie z. B. „Du musst das Ganze noch klarer darstellen" oder „Versuch, hier genauer zu sein", außerdem werden kriterienbezogene Ziele häufig nicht vollständig erklärt: „Das ist keine befriedigende Arbeit" usw. Wie vermitteln Sie Schülern die Relevanz der Ziele, wenn Sie abseits der Schüler eine zusammenfassende Beurteilung der Arbeit vornehmen? Wie regen Sie Schüler an, auf Ihre Notengebung zu reagieren, ohne dass Sie Zeit mit ihnen allein verbringen müssen? Folgende Anregungen können hilfreich sein:

» Stellen Sie eher die Frage in den Mittelpunkt anstatt zu versuchen, die Lösung anzubieten.
» Geben Sie dem Schüler Raum, auf Ihre Kommentare zu antworten; gestalten Sie einen einfachen Stempel mit einem Raster oder einen Klebezettel, den die Schüler bei Ihnen einreichen können.
» Befolgen Sie die 3:1-Regel: drei positive Aspekte im Ausgleich zu einer konstruktiven Kritik.
» Achten Sie auf Genauigkeit wenn Sie einzelne Aspekte der Arbeit zu den Beurteilungskriterien in Beziehung setzen: „Dieser Satz trifft genau ins Schwarze, er ist reflektiert und bietet klare, unterstützende Argumente" ist Meilen entfernt von „Super, find' ich klasse!" o. Ä.
» Bestärken Sie Ihre Beziehung zum Schüler durch sinnvolles und angemessenes Lob.
» Verwenden Sie bei schriftlichem Feedback den Vornamen des Schülers.

Aus der Praxis

Schreiben Sie Ihr Ziel nicht auf – zeichnen Sie es

Die Durchführung einer Übung am letzten Schultag vor den Weihnachtsferien ist mutig. Die Gedanken der Schüler kreisen bereits um die Freuden, Anspannungen und Planungen der kommenden Tage. Sie können es in ihren Augen sehen, wenn sie hereinkommen, und an ihrem Gang, wenn sie hinausgehen. Kompetenzen, die sie am 23. Dezember gelernt haben, auf die Klasse zu übertragen, die sie Anfang Januar wiedersehen, braucht mehr als eine gute Intention. Wenn ein Ziel übernommen und beibehalten werden soll, muss es im Gedächtnis verankert werden und mit Leichtigkeit abgerufen werden können. Um das in der Sprache der Teilnehmer aufgestellte Ziel zu verankern, muss es mit einem Bild verbunden und dezent, z. B. auf dem Schreibtisch, platziert werden.

Als ich einmal an eine Schule zurückkam, an der ich über ein Jahr zuvor kurz vor Weihnachten einen Kurs geleitet hatte, wurde ich von einem Mann freundlich mit einem Lächeln empfangen. Während er mich zu seinem Zimmer führte, erinnerte er mich an die Karten, auf denen die Teilnehmer damals ihre Ziele notiert hatten (ich hatte darauf bestanden, dass jeder seine Ziele aufschreibt und die Karten im neuen Jahr an die Teilnehmer zurückgeschickt). Manche hatten eine eilige Notiz verfasst, die meisten hatten daneben winterliche Bildchen gekritzelt, während dieser Mann vier Symbole gezeichnet hatte, die er anschließend seitlich an seinem Tisch befestigte. Sie dienten ihm als klare Erinnerungsstütze für die Ziele, die er sich selbst in dem Kurs gesteckt hatte, Ziele, die nicht durch die Schüler neu interpretiert werden konnten und dort über ein Jahr lang befestigt waren. Er hatte einen Weg gefunden, seine eigenen Ziele diskret, aber öffentlich auszustellen, der unverzüglich übertragbar war auf die gemeinsame Zielsetzung mit den Schülern.

Geeignete Vorgehensweisen für die Primarstufe und die Sekundarstufen

Primarstufe

Sondereinsatzkarten

Abbildung 5.2A: *Beispiel einer Herausforderungskarte für Schüler der Altersstufe 11–14, um die Selbstbeobachtung anzuregen.* Quelle: Sondereinsatzkarten: Idee und Text von Karen Brown

Schreiben – Herausforderungskarte Nr. 3 von 7
(Schlüsselverben: zusammenfassen, interpretieren, unterscheiden)

- Experimentiere beim Schreiben mit verschiedenen Genres.
- Fertige deine eigene Liste mit „Wow"-Wörtern an (lange, komplizierte und aufregende neue Wörter, mit denen du deine Lehrer verblüffen kannst).
- Schreibe das Drehbuch für ein Drama mit fünf Szenen zu einem aktuellen sozialen Thema.
- Schreibe einen wertenden Text zu einer Theateraufführung.
- Entwickle zuhause mithilfe von Mind-Maps Handlungen für Geschichten.

Stahlharte Garantie!
Deine Bemühungen haben dir eine 24-Stunden-Rund-um-die-Uhr-Garantie auf jede abgelieferte Zusatzarbeit eingebracht.

Abbildung 5.2B: *Die Rückseite der Karte* Quelle: Sondereinsatzkarten: Idee und Text von Karen Brown

Sekundarstufe I

Zielanalyse

Nennen Sie alle von einer Parallelgruppe (ohne Namen) gesteckten Ziele und bitten Sie die Klasse, diese zu diskutieren. Welche Ziele sind schwer zu verstehen? Welche scheinen zu leicht, zu schwer zu sein? Regen Sie die Schüler dazu an, die Ziele zu ordnen, eine „Leiter" daraus zu gestalten. Finden sie Beispiele für ein gut geschriebenes Ziel? Gibt es Ziele, die auf bestimmte Zwischenstufen oder Abschlüsse bezogen sind?

Schüler können die Listen sowie die Diskussion und Reflexion anschließend nutzen, um mitzuteilen, wie sie ihre eigenen Ziele strukturieren und ausdrücken.

Eltern einbeziehen

Legen Sie die von den Schülern notierten Ziele den Zeugnissen bei, verschicken Sie in regelmäßigen Abständen Zusammenfassungen der Ziele sowie eine kurze Beschreibung der entsprechenden Arbeit und schicken Sie den Eltern vorab die Fragen, die ihnen beim nächsten Lernzielgespräch voraussichtlich gestellt werden. Lassen Sie die Eltern wissen, dass Ziele erreicht worden sind, und melden Sie sich nicht nur, wenn Absprachen nicht eingehalten werden.

Sekundarstufe II

Sichtbare Ziele

Positionieren Sie Zielvorgaben dort, wo sie gesehen werden: in Kalendern, als tägliche Erinnerungen in digitalen Kalendern und E-Mail-Programmen, als Lesezeichen, auf laminierten Karten auf Tischen, auf Bildschirmschonern auf Computern, als Handyhintergrundbild oder Aufkleber auf dem Schulausweis.

Notenunterschiede als Ziel

Bitten Sie Schüler, zur Vorbereitung eines Seminars zum Thema „Erreichen der nächstbesseren Note" eine Kopie ihrer eigenen Arbeit zu benoten. Vergleichen Sie das benotete Script mit Ihrer Bewertung und verweisen Sie auf die Notenunterschiede oder Prüfungsrichtlinien. Avisieren Sie die Unterschiede zwischen den Noten oder Stufen, das Verständnis der Schüler bezüglich der entsprechenden Kriterien und ihre Vorstellung dessen, was sie tun müssen, um die gewünschte Note zu erreichen.

Lernziele

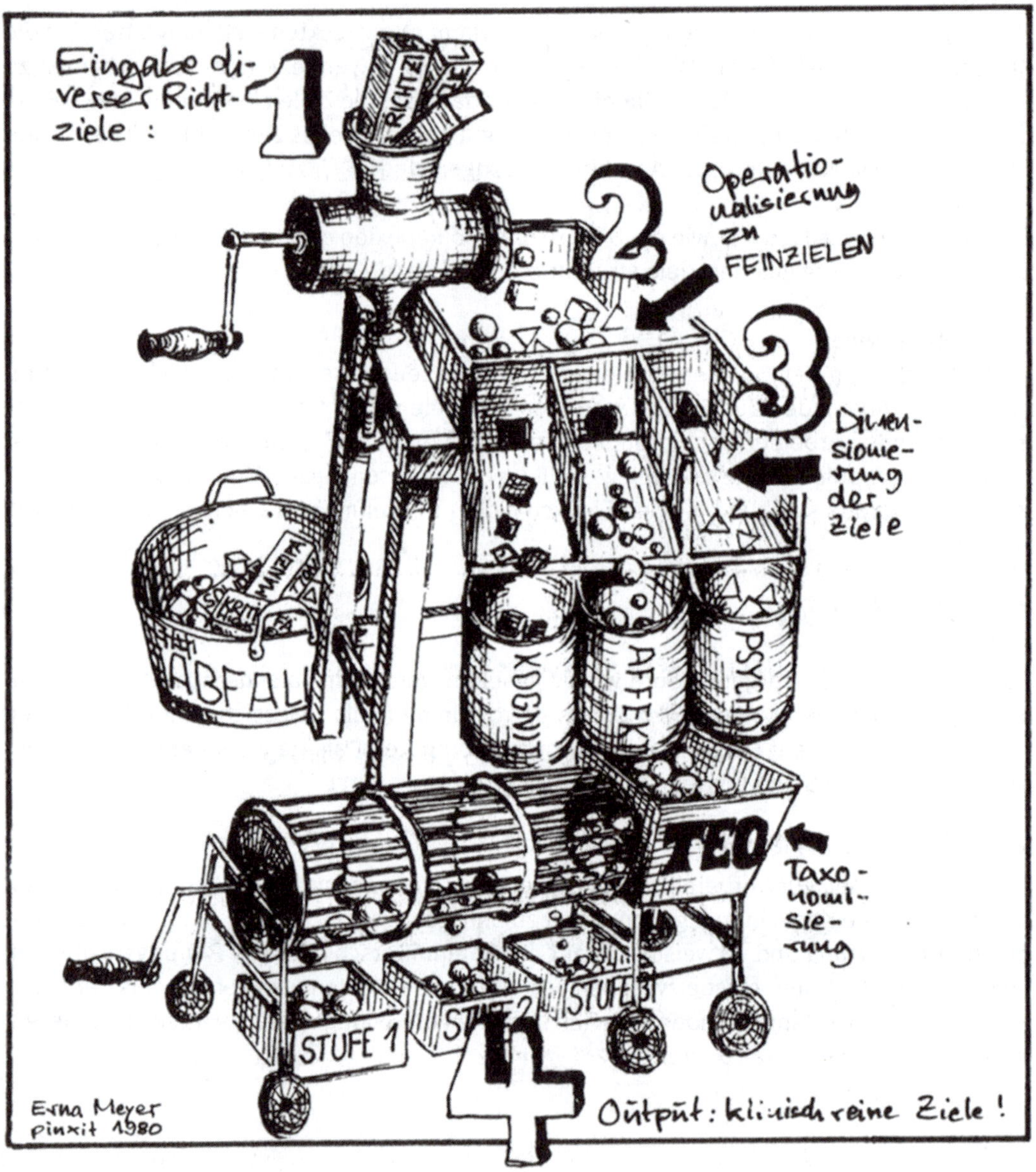

Abbildung 5.3: *Darstellung einer Lernzielanalyse*
Quelle: Jank, Werner, Meyer, Hilbert (1991): Didaktische Modelle. Frankfurt am Main, Cornelsen Verlag Scriptor, S. 308 (Kapitel: Lernzielorientierter Unterricht).

Übung

Kopieren Sie die folgende Tabelle und folgen Sie den Anweisungen unten.

Priorität	Ziel	rational	emotional

Schreiben Sie Ihre eigenen berufsbezogenen und persönlichen Ziele in Spalte 2.
Notieren Sie anschließend den rationalen Grund für jedes Ziel in Spalte 3.
Weisen Sie den Zielen anschließend in Spalte 1 eine Rangfolge nach Priorität zu.
Beschreiben Sie abschließend die emotionale Verbindung in Spalte 4.
Betrachten Sie erneut die Prioritätenrangfolge – wollen Sie Änderungen vornehmen?

Reflexion

Wie viele Ihrer Ziele sind persönlich?

Wie viele sind berufsbezogen?

In welchem Umfang haben Gefühle Auswirkung auf die Priorisierung Ihrer Ziele?

Könnten Sie das Raster bei Ihren Schülern einsetzen, um ähnliche Aspekte zu besprechen?

Denkanstöße

» Wie erhalten sich Ihre Schüler ihre Ziele aufrecht?

» Wie können Sie Ihre Erwartungen an Schüler durch Zielsetzungen aktualisieren?

» Wie können Sie Ihre Lernzielgespräche so strukturieren, dass der Schüler das Ziel im Anschluss anerkennt?

» Wann ergibt sich die nächste Gelegenheit, die Art, auf die Sie Ihre eigenen Ziele entwerfen, planen, stecken, revidieren und halten, mitzuteilen?

Zusammenfassung

Die Verbesserung der Art, auf die Ziele ausgehandelt werden, ist dem wesentlichen Kern erfolgreicher Leistungsbeurteilung sehr ähnlich. Schüler, die das andere Ufer des Flusses sehen, wissen, welche Schritte sie unternehmen müssen, um dorthin zu gelangen. Sie sind sich der Fähigkeiten, Einstellungen und des Wissens bewusst, die sie für die Überquerung brauchen. Sie behalten diese Ziele für sich. Wenn Ihre Schüler sich darauf verlassen, dass Sie ihnen Ziele stecken, ist die Übertragung der Verantwortung und Selbstständigkeit nicht vollzogen. Die Art, auf die wir mit Schülern über ihr Lernen sprechen, ist gefärbt von unseren eigenen Erwartungen an die einzelnen Schüler. Unsere Sprache ist, ohne dass wir uns dessen bewusst sind, voll von vorgefassten Meinungen, Vorstellungen und unausgesprochenen Etikettierungen.

Auf einen Blick

- Wenn Menschen dazu motiviert werden sollen, ein Ziel zu erreichen, muss man sie einbeziehen.
- Zielvereinbarungen auf der Arbeitsebene sind ein wesentliches Element für erfolgreiches Classroom-Assessment.
- Die Formulierung „Zielsetzung" hat viele Lehrer zu der Annahme verleitet, sie seien dafür verantwortlich, anderen Menschen Ziele zu stecken.
- Der emotionale Kick wirkt motivierend. Fehlt er, ist das Bedürfnis, auf das Ziel hinzuarbeiten, sehr gering.
- Der Nutzen des Ziels ist so viel wichtiger als die Beantwortung der Frage, ob es SMART ist oder nicht.
- Die Erwartungen der Schüler sind schnell festgelegt, aber nur mühsam offenzulegen. Diese anzupassen ist deshalb Teil der Fähigkeit, Ziele auszuhandeln und zu strukturieren.
- Wenn ein Ziel übernommen und beibehalten werden soll, muss es im Gedächtnis verankert werden und mit Leichtigkeit abgerufen werden können.

Websites

Jane Elliott: www.janeelliott.com

Fachliteratur

Bandura, A. (1994): Self-efficacy. In: Encyclopedia of Human Behavior, vol.4, Ramachaudran, V.S. (ed.), Academic Press, S. 71–81

Jencks, C. (1998): The Black and White Test Score Gap. Brookings Institution Press

Rosenthal, R. und Jacobson, L. (1971): Pygmalion im Unterricht. Weinheim, Basel: Beltz

Wo stehen wir?

Der Assessment-Baum

Neue Äste wachsen weiter und entfernen sich, mit einer Richtung und einem Zweck, vom Stamm. Schüler kontrollieren ihre Richtung, ihr Wachstum und das Tempo ihrer Veränderung.

Kapitel
6

Das Vereinbarte Assessmentraster (VAR) von Pivotal

„Das Lernpotenzial kleiner Kinder liegt weit über dem, was selbst Lehrer mit hohen Erwartungen annehmen."

(Tedd Wragg)

In diesem Kapitel erfahren Sie etwas über

- die Darstellung eines einfachen und flexiblen Prozesses zur Schülerbewertung auf Arbeitsebene
- die Anwendung vereinbarter Kriterien, um das Verständnis zu klären und die Zielsetzung zu fördern
- Hinweise zur Reduzierung des Arbeitsaufwands bei der Zielsetzung und zur Übergabe von mehr Verantwortung an die Schüler

Das Vereinbarte Assessmentraster (VAR) bietet, bei fester Verankerung in Erziehungstheorien und erfolgreicher Klassenpraxis, weitreichende Möglichkeiten. Es bietet keinen Schnelldurchlauf, sondern ist eher als Synthese unseres alltäglichen Tuns zu sehen, das hier allerdings in klare und nützliche konzeptuelle Rahmen und Methoden gebettet wird.

Pivotal's Modell des Vereinbarten Assessments (vergleiche Websites, S. 102) bietet einen außerordentlich flexiblen Rahmen für das Classroom-Assessment und die Zielsetzung auf Aufgabenebene. Es fördert Selbstständigkeit und Verantwortung für das Lernen im Klassenzimmer innerhalb eines einfachen Rahmens, wobei Schüler sich selbst und den anderen Arbeiten aufgeben, sie nachverfolgen und auswerten. Das Modell schafft Möglichkeiten für Selbsteinschätzung sowie zur Einschätzung von Mitschülern, Gruppen und Lehrern und kann mühelos an alle Bereiche des Lehrplans angepasst werden. Es verkürzt die Vorbereitungszeit des Lehrers und wird zur Organisation des Verhaltens sowie des Lernens eingesetzt.

„Das Assessment-Modell von Pivotal macht das, was wir machen müssen, menschlich."

(Jonathan Neelands, Außerordentlicher Professor für Theaterpädagogik an der Warwick University)

Im Zentrum dieses Modells steht ein einfaches Raster. Auf Papier aufgezeichnet oder an die Wand projiziert, bildet es den Rahmen für Ideen und definiert die ausgehandelten Vereinbarungen. Da gibt es nichts Besonderes oder Schwieriges. Es ist flexibel genug, in allen Fächern und Altersgruppen eingesetzt zu werden. Es ist leicht verständlich und wird von den Schülern schnell akzeptiert.

Die erste und vielleicht offensichtlichste Anwendung des VAR ist die Definition von Erfolgskriterien zur Beurteilung von Fähigkeiten. Der erste Rahmen, der mit dieser Frage gegeben ist, stellt die Klasse ins Zentrum. Er drängt die Schüler dazu, sich Gedanken über ein erfolgreiches Ergebnis zu machen, ähnlich einem 100-Meter-Läufer, der sich selbst auf dem Podest sieht:

> Stellt euch vor, ihr bekommt einen mit „Sehr gut" bewerteten Aufsatz in Deutsch zurück ...
> Wenn ihr eine tolle Moderatorin sehen würdet und vollkommen begeistert von ihr wärt ...
> Was macht ein erfolgreiches ... aus?
> Was sind die Elemente eines „Sehr gut"?
> Was macht ein glaubwürdiges ... aus?
> Was sind die genauen ...?

Die Frage muss exakte, fokussierte Erfolgskriterien hervorbringen. Notieren Sie diese in der ersten Spalte des Rasters unter Verwendung der Schülersprache. Ein wesentlicher Teil des Prozesses der Vereinbarung von Kriterien mit den Schülern ist die Akzeptanz der von ihnen verwendeten Sprache. Sie werden in Versuchung kommen, ihre Sprache durch fachspezifische oder eher akademische Termini zu ersetzen. Für einige von uns ist diese Korrektur ganz normal. Wir verwenden diese Fachsprache, ohne darüber nachzudenken, während wir versuchen, die Schüler zum Gebrauch eines erweiterten und angemesseneren Vokabulars anzuleiten. Indem wir aber die Sprache der Schüler akzeptieren, akzeptieren wir auch ihre Art des Wissens und Denkens, stellen eine deutliche Verbindung zur Arbeit her und binden die Schüler somit unmittelbar an die Arbeit. Wir unterstützen ihre Selbstständigkeit schon in den vorbereitenden Schritten der Rastererstellung.

> *„(...) mit anderen Worten, es gibt im Anfangsstadium keine Alternative gegenüber der totalen Anerkennung der Sprache, welche die Kinder mitbringen."*
>
> (James Britton, 1973, S. 135)

Versuchen Sie es damit

Sobald die Kriterien feststehen, reflektieren Sie die Ideen der Schüler, begleitet von Fragen wie: „Wessen Ideen sind das?" Schüler werden allmählich den Satz „Das sind unsere" formulieren und beginnen zu realisieren, dass Sie ihnen Verantwortung übertragen. An dieser Stelle empfiehlt es sich auch, Ihre eigene Liste mit Kriterien für die Aufgabe hervorzuholen und den Schülern aufzuzeigen, dass sie fast alle dort aufgeführten Kriterien gefunden haben, wenn auch unter Verwendung einer leicht abgeänderten Sprache: „Wenn wir also annehmen, dass ich Experte darin bin und ihr die gleichen Kriterien ausgesucht habt, was sagt das über euch aus?" – „Ja, ihr seid intelligent, ich unterrichte das seit 2/8/28 Jahren und ihr scheint genau zu wissen, was gefordert wird." Fördern Sie die Beteiligung der Schüler, indem Sie das aufgabenspezifische Wissen und Verstehen bestärken. Steigern Sie die Erwartungen, indem Sie die Schüler überzeugen, Vertrauen in ihre Arbeit zu haben, da sie doch dieselben Kriterien wie ein ausgebildeter Lehrer aufgestellt haben! Das ist insbesondere wichtig für Schüler mit geringen schriftlichen Fertigkeiten oder Jungen einer Klasse 6, die sich eher durchschlängeln als schreiben. Setzen Sie das Raster zum Lob bei mündlichen Beiträgen ein, in denen oftmals sehr gute Gedanken in unzureichender Sprache vorgebracht werden.

„Wessen Ideen sind das? Ja, es sind eure. Ihr wisst jetzt, dass ich ein erfahrener Akteur bin – und bei der Vorbereitung dieser Stunde habe ich einige der von euch aufgestellten Kriterien übersehen. Ihr seid sehr gut. Es wird euch vielleicht gefallen zu wissen, dass die Examensanforderungen eine Reihe der Kriterien aufweisen, die ihr aufgestellt habt."

Jetzt, da Sie die Kriterien haben, können Gruppen und Einzelpersonen Kriterien zur Übertragung in ihr Raster auswählen. Auf diesen Kriterien wird, unter Ausschluss aller anderer, der Fokus während der Aufgabe liegen. Die Aufgabe des Lehrers ist es, bei seiner Wanderung durch den Raum die Kriterienauswahl anzupassen und sicherzustellen, dass die Schüler sich zwar einer Herausforderung stellen, sich aber auch nicht einem Misserfolg aussetzen. Weitere Beteiligung entsteht, wenn Gruppen beginnen, mit ihren Klassenkameraden und ihrem Lehrer zu verhandeln.

Durch diesen Prozess haben Sie die Schlüsselbegriffe und Lernziele erfolgreich verdeutlicht und für alle Kompetenzstufen differenziert. Die aufgestellten Kriterien werden den Anforderungen der Schulaufsichtsbehörde nicht nur gerecht, sie gehen sogar – nicht zuletzt durch die Einbeziehung der Schüler sowie deren Eigenverantwortlichkeit – darüber hinaus.

Schließlich machen sich die Schüler an ihre Aufgabe, ihre Gedanken laufen in geordneten Bahnen, aber sie sind voller Ideen, wie sie in dieser Stunde erfolgreich sein können. Hat das VAR jetzt noch einen Nutzen? Natürlich. Sowohl Sie als auch die Schüler können es weiter einsetzen.

Mit dem VAR am Ball bleiben

Während der Durchführung der Aufgabe können sich die Schüler auf ihre eigene und auf die Arbeit der Gruppe konzentrieren und sich zur Abschätzung ihres Erfolgs und der Etappenziele auf das VAR beziehen. Wenn das Raster neben dem Arbeitsbereich platziert wird, werden die Schüler es ganz selbstverständlich als Eselsbrücke für die Aufgabe und die verwendete Sprache nutzen. Sie werden ihrem Raster möglicherweise Punkte hinzufügen, welche die Gespräche zwischen Lehrer und Schüler sowie der Schüler untereinander unterstützen, oder die detaillierte Sprache des Rasters allmählich als Vorbereitung für eine schriftliche Aufgabe entwickeln. Tendenziell unsichere Gruppen haben Spaß an der Struktur, Gruppen, die sich einer Herausforderung stellen, werden an ihre Verantwortlichkeiten erinnert und kompetentere Gruppen werden die Unabhängigkeit genießen. Vielleicht werden alle Schüler in der Lage sein, den Raum zu betreten, die Aufgabe meistern und beginnen, ihr eigenes Raster zu gestalten.

Der Lehrer kann die Durchführung beobachten und die Reflexionen der Gruppen unter Verwendung der Ideen der Schüler lenken. Während dieser Gespräche zwischen Schülern und Lehrer verlangen häufig auch andere Schüler nach Ihrer Aufmerksamkeit; verweisen Sie dann einfach auf das VAR, bitten Sie den entsprechenden Schüler zu schauen, ob die Antwort auf seine Frage dort steht, und lassen Sie ihn wissen, dass Sie gleich bei ihm sein werden. Ihre Rolle im Raum verändert sich. Sie sind eher ein umherwandernder Experte, der bei Bedarf führt, denn jemand, der die Leistungsbeurteilung von vorne leitet.

Während dieser Phase haben sowohl Schüler als auch Lehrer das VAR eingesetzt, um Erfolg und Fortschritt zu loben und Ziele für zukünftige Erfolge zu stecken. Das Raster füllt sich, Gedanken und Reflexionen aus der mündlichen Bearbeitung werden festgehalten. Damit haben Sie geschickt die schriftliche Aufzeichnung des Prozesses erreicht, ohne über das „Müssen wir das wirklich schriftlich machen?!" zu diskutieren.

Die anfänglichen Versuche mit dem VAR resultierten in einer großen Anzahl von Nachweisen, die auf großen Papierbögen oder an der Tafel aufgezeichnet wurden; sicher nicht das beste Mittel, um Belege zusammenzutragen oder langfristig vergleichbare Beurteilungsdaten zu erheben. Zur Straffung der sich entwickelnden Beurteilungsprozesse und Vermeidung eines Systems, das den Lehrern mehr Papierkram aufbürdete, war es jedoch erforderlich, den Schülern die Verantwortung für das VAR vollständig zu übergeben.

Zu Beginn des Schuljahres werden Schüler an einen Stapel unbeschriebener VAR herangeführt, die von Gruppen oder Einzelpersonen bei zu beurteilenden Aufgaben eingesetzt werden können. Häufig ist das VAR eine Mischung aus den vom Lehrer bestimmten Kriterien für Einzelpersonen und denen für Gruppen; die Verantwortung für die Vervollständigung der Formulare und die Aufbewahrung der Unterlagen liegt hingegen beim Schüler. Zu Beginn einer zu beurteilenden Aufgabe bereiten die Schüler ein unbeschriebenes VAR für die Arbeit vor. Je vertrauter sie mit dem System werden, desto größer wird ihr Bestreben nach einer adäquaten Sprache und fachspezifischer Terminologie. Das Peer-Assessment in Zweiergruppen entwickelt sich besonders gut und das Problem, große Teilnehmergruppen zeitgleich beurteilen zu müssen, ist gelöst. Manchmal können Ziele, die sich aus der Reflexion am Ende einer Sitzung ergeben, direkt in das nächste VAR eingefügt werden und damit die individuelle Zielsetzung auf Arbeitsebene in großen Gruppen „untrainierter“ Schüler ohne zusätzliche Papierarbeit für den Lehrer abgeschlossen werden.

Vereinbartes Assessment macht das zur Formsache, was im Zentrum guten Lehrens steht: Rahmen zu schaffen, die den Schülern die Möglichkeit geben, Kontrolle über ihr Lernen zu gewinnen, Aufgaben und Kompetenzen zu analysieren und Schüler zu befähigen, als reflektierende, selbstbestimmt Lernende erfolgreich zu sein.

Die folgende Checkliste (oder das Raster) kann auf verschiedene Arten eingesetzt werden:

- Jede Gruppe erhält eine Kopie der Checkliste zur Platzierung in ihrem Arbeitsbereich. Während der Arbeit bietet der Lehrer der Gruppe schriftliches Feedback in der zweiten Spalte an. Die Schüler können dann entscheiden, wann sie innehalten, das Feedback prüfen und darauf reagieren. Lob und Kritik sind diskret und personalisiert. Sie können Ihre Anmerkungen mithilfe von Worten, Symbolen oder gemeinsam vereinbarten Ziffern und Noten gestalten.
- Die 3. Spalte dient der Aufzeichnung von Selbstreflexion und Selbsteinschätzung im Hinblick auf die Kriterien.
- Die Checkliste kann als Rahmen für Schüler dienen, die mit einem fokussierten Peer-Assessment beschäftigt sind. Das Feedback wird in der 4. Spalte notiert – drei positive Kommentare bemächtigen zu einer Kritik.
- Die Checkliste kann der Aufzeichnung von Lehrerkommentaren, Fragen, Bestärkungen und Anleitungen dienen.

Worin besteht ein(e) glaubwürdige(s) / gute(s) / sehr gute(s) / genaue(s) ...?

	Lehrerbeurteilung	Selbsteinschätzung	Peer-Assessment	Ziel
(Wahl des Lehrers)				
(Wahl des Lehrers)				

Das vervollständigte Raster kann jetzt eingesetzt werden:

- » um Schlüsselbegriffe hervorzuheben.
- » als Eselsbrücke zur Unterstützung schriftlicher Arbeiten/Hausaufgaben, z. B. „Kannst du die durchgeführte Arbeit aufzeichnen und deinen Beitrag zum Erfolg evaluieren?“
- » zur Entwicklung eines Benotungsrasters.
- » als fortlaufende Aufzeichnung von Kriterien im Hinblick auf eine bestimmte Prüfung oder ein bestimmtes Ziel, die an der Wand im Unterrichtsbereich platziert ist, oder als Teil der Lehrer-/Schüler-Dokumentation.
- » zum Vergleich von Erfolgskriterien mit den entsprechenden von der Prüfungskommission herausgegebenen Kriterien.

Die folgende Abbildung zeigt beispielhaft ein Raster zur Vermittlung von Referatsfertigkeiten in Klasse 6, wobei in Zweiergruppen gearbeitet wurde:

Muster eines Vereinbarten Assessmentrasters

Name: Klasse: Datum:

Welche konkreten Fertigkeiten werden für effektive Referate benötigt?

Was wir lernen werden	Erfolgskriterien	Wie wurde das erreicht?	Selbstreflexion	Vereinbarte Ziele
Stimmliche Fertigkeiten verbessern	Gebrauch von Pausen und Betonung zur Übermittlung von Bedeutung Tempo angemessen variieren Lautstärke angemessen variieren			

▶▶

Vortragsfertigkeiten entwickeln	Eindeutiger, angemessener Gebrauch von Gesten Ausdrucksstarker Gebrauch von Raum Kommunikation des Status			
Effektives Arbeiten in Gruppen	Zusammenarbeit zur Fertigstellung eines Gruppenvortrags Fertigstellung übertragener Aufgaben			

◀

Welchen erzieherischen Zweck erfüllt ein VAR?

Es bietet:

» curriculumübergreifende Bildung.
» Metakognition für Lernende.
» Gelegenheiten zu Lob.
» Gelegenheiten für Schüler, sich Ziele zu stecken.
» ein System zur Entwicklung selbstständigen Lernens.
» Informationen zur Gestaltung einer Beweisgrundlage.
» Lehrerzielsetzungen.
» Sprachgewandtheit in Ergänzung zur Lese- und Rechtschreibfähigkeit.
» Selbsteinschätzung sowie die Leistungsbeurteilung durch Mitschüler und Lehrer auf der Arbeitsebene und darüber hinaus.
» eine beobachtbare Leistungsbeurteilung.

Blick über den Tellerrand nach England: Das VAR und die landesweiten Assessmentgrundsätze

Die Wirkung des Vereinbarten Assessmentrasters geht weit über die Grenzen des Klassenzimmers hinaus. In England von Paul Dix bei Pivotal entwickelt, ist es dort in den Kontext der nationalen Standards für Leistungsbeurteilung eingebettet. Die Lehrpläne in England gelten landesweit, es gibt nationale Prüfungen (weit über VERA und – international – PISA hinaus) und einheitliche Standards für Assessment. Überprüft werden die Vorgaben u. a. durch Besuche von Inspektoren der Schulbehörde in den Schulen. Zuständig für die Unterstützung der Schulen im Hinblick auf Assessmentfragen, Qualitätskontrolle und die Entwicklung von Tests und Prüfungen war bis zum Beschluss der Bildungsreform im Mai 2010 die QCDA (Qualifications and Curriculum Development Agency) in enger Zusammenarbeit mit dem Bildungsministerium. Die QCDA entwickelte im Rahmen ihrer Tätigkeit für alle Schulen des Landes 10 Grundsätze zur Beurteilung von Lernen. Die folgende Aufstellung verdeutlicht an dieser Stelle die außerordentliche Eignung des VAR für die Leistungsbeurteilung im Unterricht, erfüllt es doch sämtliche der 10 offiziell gestellten Anforderungen:

Anforderung der QCDA	„Du solltest …“	Erfüllt das VAR die Kriterien? Ja/Nein
Die Beurteilung von Lernen sollte Teil der effektiven Planung des Lehrens und Lernens sein.	Die Planung des Lehrers sollte sowohl Lernenden als auch Lehrendem Gelegenheiten bieten, Informationen bezüglich des Fortschritts in Bezug auf das Lernziel zu bekommen und zu nutzen. Darüber hinaus sollte die Planung Strategien beinhalten, die sicherstellen, dass die Schüler die Ziele, die sie verfolgen, und die Kriterien, die bei der Beurteilung ihrer Arbeit angewandt werden, auch verstehen.	
Die Beurteilung von Lernen sollte in den Mittelpunkt stellen, wie Schüler lernen.	Lernender und Lehrender müssen den Prozess des Lernens bei der Planung von Leistungsbeurteilung und der Interpretation der Aussagen im Kopf haben. Lernende sollten sich über das Wie und das Was ihres Lernens bewusst sein.	
Die Beurteilung von Lernen sollte als wesentlicher Faktor in der Unterrichtspraxis erkannt werden.	Beurteilungsprozesse sind ein wesentlicher Teil der täglichen Unterrichtspraxis, sie beziehen sowohl Lehrende als auch Lernende in Reflexionen, Dialoge und Entscheidungen mit ein.	
Die Beurteilung von Lernen sollte als Schlüsselkompetenz des Lehrerberufs angesehen werden.	Lehrer erwerben das professionelle Wissen und die Fähigkeiten, Beurteilungen zu planen, Lernen zu beobachten, Belege für das Lernen zu analysieren und zu interpretieren, Lernenden Feedback zu geben und sie in ihrer Selbsteinschätzung zu unterstützen.	
Die Beurteilung des Lernens sollte feinfühlig und konstruktiv geschehen, weil jede Beurteilung eine emotionale Wirkung hat.	Lehrer sollten sich der Wirkung bewusst sein, die Anmerkungen, Noten und Bewertungen auf das Selbstvertrauen und die Begeisterung der Lernenden haben können. Sie sollten in ihrem Feedback so konstruktiv wie möglich sein.	
Die Beurteilung von Lernen sollte die Bedeutung der Lernmotivation berücksichtigen.	Motivation kann erhalten und gesteigert werden durch Bewertungsmethoden, die die Eigenverantwortlichkeit des Lernenden stützen, Wahlmöglichkeiten und konstruktives Feedback bieten und Gelegenheiten zur Selbstbestimmung schaffen.	

▶▶

Die Beurteilung von Lernen sollte die Verpflichtung zu Lernzielen sowie das gemeinsame Verständnis der Beurteilungskriterien fördern.	Damit effektives Lernen stattfinden kann, müssen Lernende verstehen, WAS sie versuchen zu erreichen – und es erreichen wollen. Verständnis und Verpflichtung entwickeln sich durch die Mitwirkung der Lernenden an der Zielsetzung und der Kriterienauswahl für die Bewertung von Fortschritt.	
Lernende sollten konstruktive Orientierungshilfe erhalten, wie sie sich verbessern können.	Lernende brauchen Informationen und Anleitung, um ihre nächsten Lernschritte planen zu können. Lehrer sollten: – die Stärken des Lernenden genau herausstellen und Ratschläge für deren Entwicklung geben. – jeglichen Schwächen klar und konstruktiv begegnen und Strategien bereitstellen. – den Lernenden Gelegenheiten zur Verbesserung ihrer Arbeiten bieten.	
Die Beurteilung von Lernen entwickelt die Fähigkeit des Lernenden zur Selbsteinschätzung und fördert seine Reflexion und Selbstorganisation.	Unabhängig Lernende haben die Fähigkeit, neue Kompetenzen, neues Wissen und neues Verständnis zu erkennen und zu erwerben. Sie sind fähig zur Selbstreflexion und zur Identifikation ihrer nächsten Lernschritte. Lehrer sollten Lernende mit dem Wunsch und der Fähigkeit ausstatten, ihr Lernen durch die Entwicklung von Kompetenzen zur Selbsteinschätzung in die Hand zu nehmen.	
Die Beurteilung von Lernen sollte die gesamte Bandbreite der Leistung aller Lernenden erkennen.	Die Beurteilung von Lernen sollte genutzt werden, um die Möglichkeiten aller Lernenden in allen Bereichen erzieherischer Arbeit zu verbessern. Es sollte alle Lernenden befähigen, ihr Bestes zu erreichen und ihre Bemühungen erkennbar zu machen.	

verändert nach: The 10 Principles: Assessment for Learning, QCDA (www.qcda.gov.uk/key-stages-3-and-4/assessment/Assessment-key-principles/index.aspx) published under the Open Government Licence.

◀

In Deutschland gibt es keine allgemeingültige Handhabung der Leistungs- und Qualitätskontrolle in der Schule. Die Leistungsbeurteilung obliegt, als Teil des Schulrechts, den einzelnen Bundesländern, die jeweils eigene Richtlinien und Gesetze für die Leistungsbemessung aufstellen. Allen gemeinsam ist aber auch hier die wesentliche Herausforderung der „Messbarkeit" des Lernerfolgs und des Entwicklungsprozesses. Die Beurteilung konkreter fachlicher Kompetenzen sowie inhaltlichen Wissens fällt mithilfe der gängigen Instrumente sicher leichter als eine Evaluierung von Schlüsselqualifikationen des Lernens und Fähigkeiten im Bereich der Persönlichkeitsentwicklung des Einzelnen. Hier kann das VAR einen wesentlichen Beitrag leisten, insbesondere in Bezug auf die Bedeutung der Rückmeldung und Motivation für den Lernenden.

Die Unterstützung von Schülern bei der Erprobung neuer Ausdrucksweisen und neuer linguistischer Strukturen

Wenn Sie produktive Gespräche über das Thema Lernen gewährleisten wollen, müssen Sie die von Ihnen geforderten Kompetenzen und Einstellungen in Bezug auf das Sprechen und Zuhören vermitteln. Lehrer beklagen häufig einen Mangel an sprachlichen Kompetenzen und der Fähigkeit zuzuhören bei den Schülern, aber wie viele sehen es als ihre Aufgabe an, diese zu vermitteln und zu entwickeln? Erfreulicherweise gibt es diesbezüglich praktische Vorgehensweisen, die nicht nur einfach umzusetzen und hochgradig effektiv sind, sondern auch eine nachhaltige Wirkung auf die Qualität der Gespräche rund um das Lernen und die Leistungsbeurteilung haben.

Wenn die Ausdrucksfähigkeit und das Zuhören verbessert werden, hat dies auch eine Verbesserung des Feedbacks zur Folge. Lehrer, die an Ihrem Klassenraum vorbeigehen, werden für sie überraschende und erstaunliche Gesprächsfetzen aufschnappen. Schüler haben Spaß am Erlernen neuer Ausdrucksweisen und am spielerischen Umgang mit Strukturen und das wiederum hat Auswirkungen auf ihr Schreiben.

Ich habe aufgehört die Stunden zu zählen, in denen zu Beginn Schlüsselbegriffe eingeführt wurden, auf die am Ende der Stunde nicht Bezug genommen wurde. Sprachlehrer wissen, dass Schüler zur Entwicklung ihrer sprachlichen Kompetenzen üben müssen, sie müssen die Worte laut aussprechen und sie dann eigenständig im richtigen Kontext verwenden. In vielen Klassenräumen werden die Schlüsselbegriffe ausgehängt, als ob das Aufhängen an der Tafel ausreichend wäre.

Wenn Sie möchten, dass Schüler die Begriffe in ihr Vokabular integrieren oder sich beim Gebrauch schwierigerer Satzstrukturen wohlfühlen, ist der Gebrauch einer Vorlage für das Sprechen von unschätzbarem Wert. Lehrer haben zur Unterstützung des Schreibens über viele Jahre Schreibvorlagen eingesetzt. Die Übertragung dieser Idee auf den Bereich des Sprechens und auf Sprechvorlagen ist in hohem Maße sinnvoll.

> *„Diese Verbindung zwischen Gedanke und Wort [...] ist weder vorgeformt noch konstant. Sie entsteht im Verlauf der Entwicklung und bildet sich selbst aus. Auf das biblische ‚Am Anfang war das Wort‘, lässt Goethe Faust antworten: ‚Am Anfang war die Tat.‘ Der Zweck ist es hier nicht, vom Wert des Wortes abzulenken, aber wir können diese Version akzeptieren, wenn wir sie anders betonen: Am Anfang war die Tat. Das Wort war nicht der Anfang – zuerst war da Aktion; es ist das Ende von Entwicklung, krönt die Tat.“*
>
> (Vygotsky, 1962)

Die Erweiterung von Gesprächen durch Sprechvorlagen

„Vom Gedanken zum Wort zur Seite!"

Wenn Schüler Vorlagen zur Verfügung haben, an denen sie sich beim Sprechen orientieren können, fühlen sie sich ausreichend unterstützt, ein Risiko einzugehen. Sie machen die Erfahrung, die von Ihnen erwartete erweiterte Ausdrucksweise anwenden zu können. Mit der Zeit wird der Gebrauch einer erweiterten Denkweise und der erweiterten Sprache gewohnter werden und sich zu einem selbstverständlichen Teil der Gespräche in der Klasse entwickeln.

Schüler, die abseits einzelner Phrasen keine Übung im Gesprächsaufbau haben, die so wenig wie möglich sagen oder Standardantworten geben, brauchen Unterstützung. Sprechvorlagen bieten ausgehandelte und abgesprochene Vorlagen für Feedback. Bei guter Gestaltung können sie Schüler anleiten, in Sätzen zu sprechen, Gedanken zu ordnen und themenspezifische Sprache zu integrieren.

Sie könnten dabei Parameter vorgeben, z. B. „Jeder darf nur drei Sätze sagen", oder zeitliche Beschränkungen für die Konversation absprechen, z. B. „O.k., du hast 45 Sekunden, um den ersten Punkt zu diskutieren, der verbessert werden muss". Sie können das Gespräch auch lenken, z. B. durch Sätze wie: „Du musst mit einem erweiterten Satz antworten, der in einer Frage mündet", oder eine W-Frage stellen.

Einige Beispiele für den Mathematikunterricht

Diskussionen im Mathematikunterricht

Warum soll man im Matheunterricht reden und zuhören? Um Verständnis zu entwickeln, den Denkprozess und korrekte Lösungswege nachzuvollziehen, um die Schüler zu identifizieren, die dem Prozess zwar folgen, ihn aber nicht verstehen, kurz: Wir müssen verstehen, dass die Schüler verstehen. Schüler müssen in der Lage sein, ihr Verständnis zum Ausdruck zu bringen.

Nützliche Strukturen

John's Antwort ist ... Ich habe bemerkt, dass er ...
Wir wollen ... wissen. Wir finden das heraus, indem wir ...
Meine Antwort ist falsch, weil ...
Die Genauigkeit liegt in ...
Ich kann ... beweisen, indem ich die Methode ... anwende.
Ich erkenne das Muster ..., es erinnert mich an ...
Ich weiß, das ist die richtige Antwort, weil ...
Ich habe die Antwort durch ... gefunden, aber ich hätte die richtige Antwort auch finden können, indem ...
Ich habe Daten gesammelt über ... und ich habe festgestellt, dass sie ... zeigen.

Schlüsselbegriffe (hake jeden nach Gebrauch ab)

Produkt	Summe	Gesamt	Gleichung	Bruch	Prozent
□□□	□□□	□□□	□□□	□□□	□□□

Bonusbegriffe

Nenner	Zähler	Negative Zahlen	Unendlichkeit	Dezimal	Beweis
□□□	□□□	□□□	□□□	□□□	□□□

Übung

Tragen Sie zur Ausformung Ihrer eigenen Sprechvorlage fachspezifische Satzanfänge und -erweiterungen sowie Schlüsselbegriffe und ein umfangreiches Vokabular zusammen. Sie könnten dies im Hinblick auf ein spezifisches Thema oder als allgemeine Eselsbrücke für Feedback einsetzen.

Entwerfen Sie eine eigene Sprechvorlage

Schlüsselbegriffe (hake jeden nach Gebrauch ab)

....	....	....	....	....	....
□□□	□□□	□□□	□□□	□□□	□□□

Bonusbegriffe

....	....	....	....	....	....
□□□	□□□	□□□	□□□	□□□	□□□

Denkanstöße

» Welche Einführungsfragen für das Vereinbarte Assessmentraster könnten für den Gebrauch in Ihrer nächsten Stunde geeignet sein?

» Wie könnten Sie die Vereinbarten Assessmentraster zum Neuentwurf eines Teils Ihrer Erwartungen bezüglich verschiedener Arbeiten einsetzen? Gäbe es dabei Raster, die dauerhaft veranschaulicht sein sollten?

» Wie könnten Sie den Prozess in Ihrer Klasse so integrieren, dass die Vereinbarten Assessmentraster wirksam vervollständigt sowie sicher gespeichert werden und nicht mehr in Ihrem Verantwortungsbereich liegen?

Zusammenfassung

Die Vereinbarten Assessmentraster fördern genau den Unterrichtsstil, den eine rigoros schülergeleitete Leistungsbeurteilung einfordert. Es gibt lohnenswerte Risiken, die wiederholt eingegangen werden müssen, bis die Schüler ihre Verantwortung für ihr Lernen akzeptieren.

Das VAR funktioniert mit herkömmlichen Methoden (große Papierbögen und dicke Stifte) ebenso wie mit neuen Technologien. Die Raster werden von den Schülern gespeichert, überprüft und anerkannt. Es ist der Prozess des Vereinbarens und der unabhängigen Zielsetzung auf der Arbeitsebene, der so wichtig ist – unabhängig davon, ob die Raster geschrieben, gedruckt oder gezeichnet werden.

Auf einen Blick

- Die erste und vielleicht offensichtlichste Anwendung des Vereinbarten Assessmentrasters ist die Definition von Erfolgskriterien zur Beurteilung von Fähigkeiten.
- Konzentrieren Sie sich auf die Frage, um herauszufinden, ob sie der Aufgabe angemessen ist.
- Verwenden Sie in erster Linie die Schülersprache, auch in dem Raster.
- Reflektieren Sie während der gemeinsamen Ausarbeitung des Rasters die erreichten Erfolge der Schüler. Die Schüler sollen das Gefühl haben, dass sie hinter den Ideen und der Arbeit stehen.
- Während der Durchführung der Aufgabe können sich die Schüler auf ihre eigene und die Arbeit der Gruppe konzentrieren und sich zur Abschätzung ihres Erfolgs und der Etappenziele auf das VAR beziehen.
- Die Rolle des Lehrers verändert sich, wenn Schüler den Prozess und die Kriterien anerkennen und Verantwortung für die Fortschritte ihrer Arbeit übernehmen.
- Setzen Sie die ausgefüllten Raster ein als Nachweis für die Arbeit und Zielsetzung, als Tagebuch aus Beiträgen und Ideen sowie zur beständigen Erfassung von Erfolgen.

Websites

Pivotal's Vereinbarte Assessmentraster (Negotiated Assessment Grid): www.Pivotaleducation.com/assessment.php

Datenbanken zur Qualität von Schule: http://daqs.fachportal-paedagogik.de/, www.bildungsserver.de

Fachliteratur

Britton, J. (1973): Die sprachliche Entwicklung in Kindheit und Jugend. Düsseldorf: Pädagogischer Verlag Schwann

Vygotsky, L. S. (1962): Thought and Language. MIT Press and John Wiley and Sons

Wo stehen wir?

Der Assessment-Baum

Die Vereinbarten Assessmentraster fördern Wachstum und Verstehen in alle Richtungen. Neues Lernen wird aufgezeichnet, kartiert und beurteilt. Der Lehrer schneidet die neuen Triebe zurück und sagt voraus, welche Triebe eventuell neue Früchte tragen werden.

Kapitel

7

Die Handhabung aktiver Leistungsbeurteilung in der Klasse

„In jedem Chaos steckt ein Universum, in jeder Unordnung eine geheime Ordnung.“

(Carl Jung)

In diesem Kapitel erfahren Sie etwas über

- Strategien zum Umgang mit Verhaltensänderungen, die sich aus der Übergabe der Leistungsbeurteilung in Schülerhand ergeben
- den Wandel Ihrer Rolle als Lehrer
- produktive, sinnvolle und fokussierte Gruppenarbeit

Die Übertragung von Verantwortung an die Schüler und die dadurch entstehenden aktiveren Klassen stellen verschiedene Herausforderungen dar. Dieses Kapitel möchte dem Lehrer Anleitung geben im Umgang mit Verhaltensänderungen und neuen Verhaltensweisen, die infolge der Etablierung des Prozesses entstehen.

Eine weit verbreitete Annahme lautet: Je aktiver die Aufgabe, desto schwerer wird das Verhalten zu managen sein. Deshalb treffe ich so viele Klassen, die immer nur Arbeitsblätter ausfüllen, während ihre Lehrer klagen: „Ich kann gar nichts anderes mit ihnen machen." In Wahrheit ist es aber genau andersherum. Schüler, die an ihren Tischen sitzen und uninspirierte, allgemeine Aufgaben machen müssen, sind oft die, die aktiv versuchen, ihre Lehrer zu schwächen und die Aufgabe zu untergraben. Es ist riskant und birgt Gefahren, Verantwortung abzugeben, es bringt aber auch einen Zusatznutzen. Schüler, denen Verantwortung und Eigenverantwortlichkeit übertragen werden, fühlen sich motiviert und auf eine Art und Weise an die Aufgabe gebunden, wie es Arbeitsblätter niemals leisten können.

Ich erinnere mich an die Bitte einer Berufsanfängerin, in einer Klasse mit schwierigen Schülern hospitieren zu dürfen, um daraus Ideen für ihre Gruppe mitnehmen zu können. Ich schickte sie zur Hospitation zu einem Hauswirtschaftslehrer, der mit einer Gruppe berüchtigter 15-jähriger Schüler arbeitete. Er war ein Meister des subtilen Umgangs selbst mit den schwierigsten Schülern und einer der besten Lehrer der Schule. Als die junge Lehrerin nach der Stunde zurückkehrte, fragte ich sie, was sie gelernt habe. „Nichts", lautete die Antwort, „es gab kein schlechtes Benehmen, keine Flüche, kein trotziges Verhalten, nicht einmal einen Faustkampf!" Sie war sichtlich enttäuscht darüber, kein offensichtlich unangemessenes Verhalten vorgefunden zu haben. Die Kompetenzen des Lehrers äußerten sich offensichtlich so versteckt, dass sie nicht beobachtet werden konnten. In der folgenden Woche begleitete ich sie zur gemeinsamen Beobachtung in ebendiesen Unterricht.

Schon zu Beginn der Stunde konnte ich ihr die Strategien aufzeigen, die der Lehrer präventiv einsetzte, um die Schüler von einem Fehlverhalten abzuhalten. Wir bemerkten die nonverbalen Anregungen, die sanfte positive Bestärkung, die geschickte Positionierung im und Bewegung durch den Raum, die Tempowechsel, Veränderungen in der Tonlage und die sanfte Manipulation mithilfe der Sprache.

Diese gemeinsame fokussierte Beobachtung zeigte, dass es beim Managen einer aktiven Klasse nicht um eine große Idee oder die eine Arbeitsweise geht. Es geht darum, den Schülern einen Schritt voraus zu sein und eine Bandbreite an Techniken einzusetzen, die Risiken erlauben. Diejenigen mit der meisten Übung darin verfügen über Kompetenzen, die mit bloßem Auge nur schwer zu erkennen sind.

Routine, Routine, Routine

Eine aktive Klasse mag bisweilen chaotisch wirken, braucht aber Struktur. Organisatorische Routinen sowie Lehr- und Lernroutinen müssen ausgehandelt, vermittelt, dargestellt und beständig bestärkt werden. Es sind diese Routinen, die den effizienten und nahtlosen Ablauf selbst in den aktivsten Klassen möglich machen. Viel zu häufig gehen wir davon aus, dass Schüler schon wissen, wie sie sich benehmen sollen – das Unterrichten mithilfe von vereinbarten Routinen lässt keinen Platz für eine solche Annahme. Der Erfolg aktiver Aufgaben wird nicht dem Zufall überlassen.

Die Einbettung neuer Routinen braucht mehr Einsatz als das Aufhängen eines A4-Papiers hinter Ihrem Tisch. Es geht nicht um das bloße Einführen von Abläufen, sondern um die Zustimmung der Schüler und anschließend um die Vermittlung der Routinen durch beständige und ausdauernd positive Bestärkung. Zu oft werden neue Routinen im Sinne eines Stocks benutzt, mit dem die Schüler „geschlagen" werden. Zur guten Vermittlung von Routinen ist ein Wechsel der Aufmerksamkeit erforderlich – nicht im Sinne der Nichtbeachtung unangemessenen Verhaltens, sondern indem Schüler genau dann gepackt werden, wenn sie der Vereinbarung folgen. Diese Interaktion bietet Ihnen zudem die Gelegenheit, Ihre Erwartungen für andere sichtbar zu untermauern. Der Satz: „Prima, du gibst wirklich zielgerichtetes und relevantes Feedback und setzt dabei die Kriterien, die wir vereinbart haben, ein.", ist sehr viel effektiver als die Aussage: „Warum redest du immer noch über Fußball?" usw.

Auch Ihre persönlichen Routinen müssen Beachtung finden.

30 Tage, um eine Gewohnheit zu ändern

Viele Lehrer, die mit aktiveren und riskanteren Lehrstrategien experimentieren möchten, stürzen sich hinein, verbrennen sich und kehren dann zurück in die Bequemlichkeit des Arbeitsblattlandes. Eine einzige, gut geplante Unterrichtsstunde reicht auch nicht aus, um die Erwartungen und Gewohnheiten Ihrer Schüler zu verändern. Die Herbeiführung einer nachhaltigen Veränderung dauert mindestens 30 Tage.

Überlegen Sie mal, wie Sie selbst Gewohnheiten verändern. Wenn Sie sich das Rauchen abgewöhnt haben, wissen Sie von der großen Versuchung, nach einer Woche wieder rückfällig zu werden. Nach zwei Wochen wachen Sie nicht mehr jeden Morgen auf und denken an Zigaretten, nach drei Wochen können Sie eine Mahlzeit zu sich nehmen ohne anschließendes sofortiges Verlangen nach einer Zigarette und nach vier Wochen hat sich die Verhaltensweise so sehr verändert, dass Sie tagelang ohne einen Gedanken an einen Glimmstängel umherlaufen können. Das Problem zu verändernder Verhaltensweisen und insbesondere Ihnen angenehmer Routinen liegt im Gedanken, sie für immer zu verändern – dadurch erscheinen die ersten Schritte meist nicht erstrebenswert. Niemals mehr eine Zigarette zu rauchen, einen Drink zu nehmen oder ein weiteres Arbeitsblatt zu gestalten, scheint ein bisschen viel verlangt; unser Instinkt möchte die Gewohnheit beibehalten, da der Gedanke daran, sie nie mehr auszuführen, wenig attraktiv ist. Die Zustimmung zur Änderung eines Ablaufs oder einer Gewohnheit für eine Frist von 30 Tagen ist weniger anstrengend und wird die Entscheidung für eine langfristige Veränderung sehr erleichtern.

Wenn Sie eher ungern Risiken eingehen, Angst haben, das Lernen aktiver zu gestalten oder nervös sind bezüglich der Veränderung etablierter Prozesse, dann stimmen Sie nur für 30 Tage zu. Am Ende der 30 Tage können Sie wieder zu Ihrer alten Praxis zurückkehren, wenn Sie der Meinung sind, dass keine Verbesserungen erkennbar sind. Vielleicht aber wachen Sie auch in der zweiten Woche auf und greifen nicht nach dem Arbeitsblatt.

Wissen, wann man nicht verhandelt

Der Schritt des Aushandelns von Regeln und Verantwortlichkeiten mit Schülern klingt vollkommen vernünftig, demokratisch und geradezu anständig. Schüler sollten sich durch ihre Beteiligung an den Entscheidungen ermächtigt fühlen und damit mehr Verantwortung für ihre Handlungen übernehmen. Die Verhandlung kann effizient und produktiv sein, wenn Sie eine gute Beziehung zur Gruppe aufgebaut haben. Das Verhandeln in Klassen, mit denen Sie keine langfristige Beziehung aufgebaut haben, birgt unvorhersehbare Gefahren. Ausführliche Verhandlungen über Erwartungen, Regeln und Routinen schon in der ersten Stunde mit einer neuen Gruppe führen zu wollen, ist für viele Schüler sehr verwirrend. Ist ihr neuer Lehrer weich? Schwach? Unentschlossen? Wer ist zuständig? Ist jetzt alles verhandelbar? Zu Beginn sind Sie der Lehrer und Sie müssen entscheiden, wie die Regeln lauten. Klare und definitive Erwartungen bezüglich des Verhaltens und Lernens beinhalten für die Schüler einen Standard, den es zu erreichen gilt. Die Anbringung Ihrer Regeln an der Wand ist eine einfache, nachdrückliche Handlung, durch die eine klare Linie markiert wird. Es gibt keinen Zweifel daran, welche Regeln es gibt und bei wem die ultimative Verantwortung für ihre Überwachung liegt. Auf der Grundlage einer klaren Anzahl anfänglicher Regeln und Ausgangsprozeduren können Sie den geeigneten Zeitpunkt für Verhandlungen und Überarbeitungen bestimmen.

Erzielen Sie nachhaltige Einigungen durch:

» die Einladung zu Beiträgen.
» Diskussionen auf der Basis einer Entwurfsvorlage.
» das Aufzeigen von Alternativen und die Bitte um Antwort im Verlauf der Zeit.
» die Einbeziehung der Schüler in die Gestaltung von Zeichen.
» die Planung von Gelegenheiten zum Bezug auf die Routinen und zur Reflexion ihrer Nützlichkeit.
» die Vereinbarung eines zeitlichen Rahmens für die Überprüfung der Routinen.
» das Aufgeben von Routinen nach deren Einbettung.

Prozesse

Die Unterstützung von Schülern bei der Übernahme von Verantwortung beim Classroom-Assessment bringt unweigerlich eine Flut von Papierbögen und Ideen mit sich, die an verschiedenen Stellen und mithilfe unterschiedlicher Medien festgehalten werden. Der von Ihnen durchgeführte Prozess beinhaltet organisatorische Herausforderungen, die bei schlechter Planung die Tätigkeit stören können, noch bevor sie begonnen hat. Die Einbeziehung von Schülern in die logistischen und inhaltlichen Absprachen ist ein wichtiger Teil der Übernahme von Verantwortung.

Betten Sie den Prozess in die Organisation des Klassenraumes ein, nutzen Sie die Ideennetze auf den Schautafeln, die Zettel zur Anfertigung von Checklisten, die Notizzettel der Schüler zur Beurteilung der Klassenkameraden, das Whiteboard zur Aufzeichnung neuer Ideen, eine Leiter aus Schlüsselbegriffen, den Baum der tollen Ideen, Sprechvorlagen in Form von Mobiles an der Decke usw.

Zur Strategie

Sie sind der wichtigste Praktiker

Eine sinnvolle Methode zur Erklärung komplexer Tätigkeiten liegt in der Rolle des Lehrers als Vorbild bei einer Aufgabe; wenn Sie selbst in eine Rolle schlüpfen, offenbaren Sie viel von Ihren Erwartungen und zeigen auf, wie sich Leistung entwickeln kann. Schüler schätzen Lehrer, die ihre Fähigkeiten als Praktiker demonstrieren können. Wenn sie den Lehrer immer in der Rolle des Leiters sehen, haben sie kein Rollenmodell für das Lernen; vielen wird es schwerfallen, über die Grenzen ihrer Erfahrung hinauszublicken.

Ihre Vorbildfunktion ist ein wesentlicher Teil Ihrer Rolle als exemplarisch Lernender. Ein Theaterlehrer, der nicht spielt, ein Sportlehrer, der nicht läuft, oder ein Musiklehrer, der vor anderen nicht spielt – sie alle lassen eine Chance ungenutzt. Vorbild zu sein ist ein Risiko, aber es zahlt sich aus, wenn man es eingeht; es ist von zentraler Bedeutung für den Erfolg der von Ihnen unterrichteten Gruppen.

Das Managen von Gruppen und ihre Beurteilung

Schüler mit Abneigung gegen das Peer-Assessment

1. **Wenn Schüler den anderen ihre Arbeiten nicht zeigen wollen:**
   - Betonen Sie die Vertraulichkeit der Beurteilung und zeigen Sie auf, wer die Arbeit sehen wird.
   - Vermitteln Sie dem Schüler das Gefühl, in der Klasse ein Risiko eingehen zu können.
   - Unterhalten Sie sich abseits der Unterrichtsstunde mit dem Schüler über Ihre Erwartungen an alle Schüler.
   - Treffen Sie mit dem Schüler spezifische Vereinbarungen im Hinblick auf die Abläufe des Peer-Assessments während der Stunde. Sie könnten ihm z. B. erlauben, einmal im Halbjahr den Klassenraum zu verlassen, oder mögliche Arbeitspartner mit ihm absprechen.

2. Meinungsverschiedenheiten in Arbeitsgruppen:

- » Stellen Sie die ganze Gruppe neu auf die Aufgabe und die Beurteilungskriterien ein.
- » Nehmen Sie Bezug auf das Lernritual.
- » Führen Sie die Gruppe vom Gespräch zum Arbeiten mit einem Gedanken: „Hier sind zwei gute Ideen, ihr bekommt 5 oder 10 Minuten zur Bearbeitung und könnt mich rufen, wenn ihr eine objektive Meinung hören wollt."
- » Unterstützen Sie sie darin, Frustrationen als natürlichen Teil des kreativen Prozesses zu sehen.

3. Gruppen, die nicht aufgabenbezogen arbeiten:

- » Verweisen Sie die Gruppe erneut auf das Lernritual.
- » Verwarnen und sanktionieren Sie die Schüler, die sich nicht an die Vereinbarung halten.
- » Unterstützen Sie die Schüler, die sich für die Befolgung der Vereinbarung entscheiden, durch Lob und positive Bestärkung.
- » Regen Sie die Gruppe zu einem Referat oder einer Aufführung an (vor einem kleinen Publikum, nicht der ganzen Klasse), auch wenn sie noch nicht ausreichend vorbereitet ist oder geprobt hat.
- » Erklären Sie der Gruppe nach der Stunde deutlich Ihre Erwartungen und die Konsequenzen, falls das Verhalten in der nächsten Stunde wiederholt wird.

Guter Tipp

So bleiben Gruppen beim Thema:

Erstellen Sie eine Checkliste über zehn vereinbarte Erfolgskriterien, die die Schüler erreichen sollen. Nummerieren Sie die Arbeitsgruppen und notieren Sie die Ziffern der erfolgreich arbeitenden Gruppen nach und nach neben dem entsprechenden Ziel. Die Schüler werden beginnen, ein Auge auf die Checklisten zu werfen, sich auf die für die Aufgabe benötigten Fähigkeiten zu konzentrieren und versuchen, dass ihre Gruppe hinter jedem Ziel aufgeführt wird. Sie werden Gruppen, die Schwierigkeiten haben, besser identifizieren und unterstützen können, und zudem besser abschätzen können, ob der den Schülern zur Durchführung einer Arbeit zur Verfügung gestellte Zeitrahmen angemessen ist.

Am Ende der Vorbereitungsphase wird sich jede Gruppe ganz selbstverständlich auf die Checkliste beziehen. Wenn die Gruppen ihre Arbeiten präsentieren, kann die Checkliste vom Publikum unter Verwendung der geeigneten Terminologie für ein präzises Feedback verwendet werden.

Zu schnell zu viel

Wir alle haben die Erfahrung gemacht, dass wir detaillierte Anweisungen und Erwartungen im Hinblick auf die Aufgabe äußern und dann den Rest der Stunde damit verbringen, sie den einzelnen Gruppen zu erklären. Versuchen Sie als ersten Schritt, sich auf drei Arbeitsanweisungen zu beschränken. Damit können die Schüler schnell loslegen und ihre Arbeit zügig mit einem klaren Schwerpunkt angehen. Im Verlauf der Stunde können Sie dann die Klasse kurz unterbrechen und eine Gruppe als Modell für Ihre nächste Anweisung heranziehen. Beschränken Sie Ihre Unterbrechungen auf eine Minute und ein Maximum von zwei weiteren Anweisungen: „Ich brauche für eine Minute eure volle Aufmerksamkeit, um zwei Dinge zu erklären." Das Tempo der Stunde kann gesteigert werden, wenn Sie den Schülern für den neuen Schwerpunkt eine klare Deadline geben: „Ihr habt jetzt fünf Minuten, um zwei kritische Momente zu gestalten und einen Lösungsweg zu finden." So können Schüler ihren Fokus auf spezifische Kompetenzen und Techniken lenken, während Sie in Ihrer Aufgabenstellung flexibel bleiben und Ihre Zeit damit verbringen können, zu unterrichten und zu gestalten, anstatt Feuer zu löschen.

Geeignete Vorgehensweisen für die Primarstufe und die Sekundarstufen

Primarstufe

Schnurknäuel

In großen, offenen Unterrichtsräumen kommt der Absteckung von Bereichen bei der Gruppenarbeit wesentliche Bedeutung zu. Geben Sie jeder Gruppe bei der Zuteilung ein Stück Schnur zur Markierung ihres Arbeitsbereiches. Das erleichtert die Ortung von Schülern, die ihre eigene Gruppe verlassen haben, und erstickt Diskussionen zum Thema, wer über welchen Bereich verfügt. Diese Vorgehensweise ist nicht nur im Hinblick auf Gruppenarbeit nützlich, sondern kann auch in folgenden Bereichen angewendet werden:

- *Proxemik:* Beschränken Sie den Handlungsspielraum massiv durch die Arbeit in kleinen Kreisen.
- *Inszenierung:* Schlagen Sie den Schülern verschiedene Publikumsanordnungen sowie verschiedene Formen vor, innerhalb derer sie arbeiten können.
- *Ausdifferenzierung:* Bitten Sie alle Schüler, innerhalb der Grenzen ihrer Handlungsspielräume zu arbeiten, stellen Sie kompetenteren Schülern dabei längere Schnüre zur Verfügung.

Sekundarstufe I

Umräumen

Der Aufwand der Ummöblierung hält viele Lehrer davon ab, aktivere Ansätzen auszuprobieren. Versuchen Sie, der Umgestaltung des Raumes in verschiedene Anordnungen einen strikten Ablauf zu geben. Dafür könnte die Gruppe in konkurrierende Teams aufgeteilt oder einzelne Schüler für die Übernahme von Verantwortung geschult werden. Die Gewährleistung einer schnellen, sicheren und genauen Änderung der Anordnung braucht Zeit. Einmal perfektioniert, können Sie Ihren Raum mithilfe dieser Methode innerhalb von Sekunden umgestalten, Prüfer beeindrucken und die Anordnung so gestalten, dass sie Ihrer Stunde dient und nicht umgekehrt.

Sekundarstufe II

Schüler als Beurteilende

Fördern Sie die Rolle der Schüler als Beurteilende indem Sie kompetente Leistungseinschätzung trainieren, abstufen und belohnen. Definieren Sie die Kompetenzen guter Beurteiler als Kriterien und teilen Sie die einzelnen Stufen so ein, dass Fortschritte für den Schüler sichtbar werden. Vielleicht können nur Beurteiler die höchste Stufe erreichen, auf der sie Kursarbeiten vorzensieren oder die Zielsetzung anderer dokumentieren dürfen.

Aus der Praxis

Der beste Plan ...

Einer der ersten von mir geleiteten Kurse war das Team-Building-Event einer großen Versicherungsgesellschaft. Ich ging davon aus, dass die Geschäftswelt bereit für ausgewählte neue Ideen aus dem Bildungsbereich und ich der richtige Mann für deren Vermittlung sei. Ich war zwar neu in der Branche – aber ich war geschockt zu entdecken, wie wenig selbst erfahrene Manager einer international agierenden Firma vom Managen und Motivieren verstanden. Ich bemerkte, dass Leistungsbeurteilung und Feedback am Arbeitsplatz ausschließlich auf Fehler fokussiert war – im Zentrum stand das, was falsch lief. Die Teilnehmer hatten trotz schlechter Führungsqualitäten Karrieren gemacht.

Die Übung war sehr leicht. Ein Team aus 8 Personen stemmte ein Teammitglied nach oben, während das zweite Team das Tun beobachtete, um herauszufinden, was dabei richtig gemacht wurde. Ich stellte den 3:1-Gedanken vor und bat die Gruppe, sich bei ihrem Feedback auf die positiven Aspekte zu konzentrieren. Das eine Team demonstrierte seine Vorgehensweise und ich wandte mich an die beobachtende Gruppe mit der Frage: „Könnt ihr mir sagen, inwiefern von der Gruppe der Sicherheitsaspekt beim Heben des Teilnehmers berücksichtigt wurde?“ Ich bekam schnell viele Antworten: „Nun, er ist so dick, dass er sich nicht bücken kann.“ und „Hast du gesehen, wie seine kleinen Arme auf der Suche nach Halt herumgefuchtelt haben?“ und sogar „Ich konnte fast unter ihren Rock sehen“. Abgesehen von den Anzügen und den Bauchansätzen hätte ich mich auch in einer 7. Klasse befinden können! Diese Gruppe von Managern hatte den Kurs mit dem Thema „Chancengleichheit und Meinungsvielfalt“ entweder geschwänzt oder, was wahrscheinlicher ist, sich hindurchgekichert.

Ich erinnerte die Gruppe vorsichtig daran, dass wir auf der Suche waren nach dem, was gut gelaufen war, was erfolgreich war, und stellte die agierende Gruppe erneut in Position. Wieder demonstrierten sie das Heben und wieder wandte ich mich an das Publikum und fragte sie nach Beispielen für das, was gut gelaufen war. „Sie haben sie fast fallengelassen, das war Mist.“ und „Sie standen nicht richtig.“ und sogar „Jetzt kann ich in ihr Top sehen!“, lauteten die Antworten.

Sie können sich vorstellen, dass diese Gruppe gut bezahlter Führungskräfte vermutlich jeden Kurs besucht, jedes Managementbuch gelesen und die Psychologie des Managements bis ins Detail studiert hatte. Trotzdem mussten sie sich erst darin verausgaben, einander mit negativen Dingen zu attackieren, bevor sie sich den positiven Dingen zuwenden konnten. ▶▶

Selbst nachdem sie erneut angeregt, angeleitet und unterstützt worden waren, die positiven Aspekte zu reflektieren, waren sie unfähig, es zu tun. Ihre Gewohnheiten waren fest verankert und nur schwer wieder loszuwerden. Sie waren bezüglich des Feedbacks nicht einfach nur faul, sie waren weit darüber hinausgegangen, sie hatten dunkles Terrain betreten. Ihre kritische Perspektive bestand aus Sticheleien und einer milden Form des Tyrannisierens, vergleichbar der Art ihres Umgangs miteinander. Es gab keinen Raum für Förderung, Spaß am Erfolg oder Begeisterung für das Lernen.

Schülergruppen einer Klasse können sich in derselben Zwickmühle befinden. Ihre Kommunikation wird dann von Sticheleien dominiert: „Deine Mutter ...", „Du bist ein Streber!" o. Ä. Aber während die Veränderung der Gewohnheiten erfolgreicher Manager eine mühselige Aufgabe ist, sind Schüler eher formbar, ihre Gewohnheiten lassen sich leichter verändern.

Die Schüler, die heute vor uns sitzen, sind die Manager von morgen – ich weiß, für welche Manager ich lieber arbeiten würde. ◀

Übung

Entwerfen Sie als Ausgangspunkt einer Diskussion mit Schülern einen Ablauf für eines der folgenden Szenarien:

» Peer-Assessment zur Benotung schriftlicher Arbeiten.

» Gruppendiskussion, in der alle Stimmen gleichberechtigt sind.

» Schnelles und sicheres Umräumen der Möbel.

» Leistungsbeurteilung der Gruppe, bei der sich positive Bestärkung und ein kritischer Blick die Waage halten.

1.

2.

3.

4.

5.

Denkanstöße

- » Sind Ihre Unterrichtsstunden an die Anordnung Ihres Klassenzimmers angepasst oder ist die Anordnung den Unterrichtsstunden angepasst?
- » Warten Sie darauf, dass sich ein Verhalten ändert, bevor Sie das Risiko einer aktiveren Herangehensweise eingehen?
- » Würde eine aktivere Herangehensweise an die Leistungsbeurteilung mehr Schüler einbeziehen und destruktives Verhalten wirklich verringern?

Zusammenfassung

Wenn Sie neue Vorgehensweisen einführen, wird sich das Verhalten der Schüler ändern. Das Verhalten der Schüler darf das von Ihnen gesetzte Maß an Verantwortlichkeit nicht einschränken oder Ihre Herangehensweise an die Leistungseinschätzung bestimmen. Es braucht Zeit und Mühen, die Erwartungen, Gewohnheiten und Routinen der Schüler Ihrer Klasse zu verändern. Es ist dabei Ihre Verpflichtung, ein wirklich erfolgreiches Classroom-Assessment durchzusetzen, das kritisch ist. Diese Beharrlichkeit wird mit der Zeit das Verhalten und die Erwartungen der Schüler verändern.

Auf einen Blick

- Aktive Leistungsbeurteilung verändert das Verhalten; rechnen Sie mit Veränderungen und gehen Sie ein Risiko ein.
- Führen Sie vereinbarte, für alle sichtbare und beständig bestärkte Routinen ein.
- Äußern Sie Ihre Erwartungen an eine Gruppenarbeit klar und deutlich.
- Planen Sie eine Verhaltensänderung über 30 Tage, nicht über Nacht.

Wo stehen wir?

Der Assessment-Baum

Die Wachstumsgeschwindigkeit nimmt zu; der Baum muss gut gepflegt und vorsichtig geformt werden. Einzelne Entscheidungen müssen gegen die Bedürfnisse der Gruppe abgewogen werden.

Kapitel

8

Differenzierung und Personalisierung der Leistungsbeurteilung

„Perhaps a lunatic was simple minority of one.“
(George Orwell)

In diesem Kapitel erfahren Sie etwas über

- Strategien, die erfolgreiches Classroom-Assessment für alle Schüler, unabhängig von ihrem Kompetenzniveau, gewährleisten
- die Verwendung persönlicher Profile, anhand derer Schüler ihren Fortschritt regelmäßig an vereinbarten Kriterien messen können
- die Integration der Schüler-Selbstbewertung in die abschließende Berichterstattung

Personalisiertes und differenziertes Classroom-Assessment ist nicht bloß ein unrealistischer Traum! Wenn aber ein Lehrer durchschnittlich sehr viele Schüler zu betreuen hat, kann wahrhaft personalisiertes Lernen nicht allein in der Verantwortung des Erwachsenen liegen. Es muss auch auf die Schüler übertragen werden. Wenn Sie Ihren Schülern beibringen, eigenständig zu differenzieren, und Ihre Arbeitspläne einfach gestalten, sind sowohl Schüler als auch Prüfer zufrieden. Der Einsatz von Classroom-Assessment zur Personalisierung des Lernens für und mit den Schülern klingt vielleicht eine Nummer zu groß. In Wirklichkeit aber kann es Ihnen Zeit sparen, Ihre Planung unterstützen und Ihnen mehr Zeit lassen, das Lernen aufzuzeichnen und zu leiten.

Institutionen experimentieren verzweifelt mit neuen Organisationsstrukturen, um Lernen zu personalisieren. Bei allen Versuchen, von vertikalen Tutoriengruppen über interne Strukturen bis hin zu Lerngemeinschaften, wird die Änderung des Systems als Knackpunkt gesehen. Tatsächlich aber wirkt meist die Klassengröße in staatlichen Schulen und Hochschulen fortwährend einem individiduellen oder persönlichen Ansatz entgegen. Selbst Lehrer alter Schule haben in traditionellen, unabhängigen Institutionen eine persönlichere Sicht auf das Lernen, weil sie mehr Zeit für den einzelnen Schüler haben. Sie können durch den „Luxus“ der kleineren Klassen mehr Zeit mit ihnen verbringen. Für Buchhalter und Politiker rechnet sich die Reduzierung der Klassengröße nicht, kleine Klassen sind zu teuer. Sie würden lieber Geld sparen und dies anderweitig verwenden; am Ende ist die Rechnung klar: Von Nichts kommt Nichts.

Versuchen Sie es damit

Einfache Kriterienlisten, von den Schülern erstellt und zur Aufstellung eigener Ziele verwendet, sind schnell angefertigt und extrem nützlich. Die Listen können von der ganzen Gruppe oder einzelnen Schülern generiert werden, angeregt durch Äußerungen wie z. B.: „Liste die Attribute eines guten Zuhörers auf.“, „Woran erkennen wir, dass eine Mauer von einem Handwerker gebaut ist?“, „Wie sollte das positive Ende einer Geschichte aussehen?“ oder „Welche Schritte müssen wir beim Entwurf einer Landschaftsgestaltung vornehmen?“. Die Frage könnte den Unterrichtsinhalt oder das Betragen der Schüler betreffen, z. B.: „Welche Verhaltensweisen braucht die Gruppe, um eine produktive Diskussion führen zu können?“ Sobald die Liste erstellt ist, kann sie unabhängig vom Alter der von Ihnen unterrichteten Gruppen vielfältig verwendet werden. Bei jüngeren Kindern kann die Liste an der Wand aufgehängt und zur Verstärkung der von Ihnen für diese Stunde geforderten Verhaltensweisen eingesetzt werden. Dies kann auch mit einem Ziel für die Klasse gekoppelt sein: „Wenn Ihr am Ende der Stunde ein Häkchen/einen Namen/eure Initialen hinter jedem Kriterien gesammelt habt, dann können wir das Experiment durchführen, das euch so viel Spaß macht. (Das, bei dem ich mich jedesmal ein bisschen zum Affen mache!)“ Sie können auch Kriterien für gutes Zuhören oder Gruppenarbeit vereinbaren und anschließend die Schüler hervorheben, die sich den Kriterien entsprechend verhalten.

Älteren Schülern könnten Sie Selbstdifferenzierung anbieten, indem Sie sie zur Wahl zweier oder dreier Kriterien anregen, nach denen sie in den folgenden 5/10/20/50 Minuten streben sollen. Sie könnten einzelne Schüler bitten, Kriterien für ihre Partner vorzuschlagen, oder Gruppen, für die jeweils andere Gruppe Kriterien auszusuchen. Schüler können die angestrebten Kriterien auf einem Blatt Papier notieren, das unmittelbar neben ihrem Arbeitsplatz angebracht wird. Das ermöglicht Ihnen auf Ihrer Wanderung durch die Klasse ein präziseres Feedback und die kriterienbezogene Beurteilung aktueller Arbeiten. Sie können dabei ausdifferenzieren, indem Sie unangemessene Kriterien besprechen und neu aufstellen.

Mithilfe der Listen können unkonzentrierte Schüler angeregt und ängstliche Schüler bestärkt werden. Sie dienen zudem als beständige Aufzeichnung des Erreichten, als Modell zur Erforschung für andere Gruppen, als erstrebenswerter Standard für jüngere Kinder. Sie werden eine Art Kontrollinstanz, Sie stellen einige Entscheidungen in Frage und unterstützen bei der gemeinsamen Verbesserung von Strategien. Es führt Sie von einem „Das solltest du tun" hin zu „Erzähl mir, für was du dich entschieden hast". Der Akzentwechsel in der Beurteilung ermöglicht die Gestaltung von Wahlmöglichkeiten, die der Schüler zur Personalisierung und Differenzierung nutzen kann.

Computergenerierte Beurteilungskriterien wirken der Personalisierung von Assessment entgegen

Der Gebrauch von Standardaussagen zur Gestaltung von Abschlussberichten widerspricht vollkommen den Versuchen, den Beurteilungsprozess zu personalisieren und zu individualisieren. Allgemeine Kommentare, die sorgfältig konstruiert sind, um mit einer beliebigen Anzahl zusätzlicher allgemeiner Kommentare kombiniert werden zu können, lassen Abschlusszeugnisse individuell erscheinen. Tatsächlich aber könnten diese kaum weniger persönlich sein. Noten werden in der Primarstufe zwar noch von Leistungsbeschreibungen flankiert, diese bestehen aber zumeist aus Textbausteinen. Kommentare werden von Lehrern ohne Input von Schülerseite eingefügt – das Ergebnis ist ein Zeugnis, das so unpersönlich ist, dass die einzige Variation im Namen des Schülers besteht. Schüler und Eltern vergleichen eifrig Zeugnisse und realisieren dies, sobald sie auf ein Duplikat stoßen.

Die Textbaustein-Programme wurden nicht eingeführt in dem Glauben, Eltern und Schülern genauere Informationen zukommen zu lassen. Die Systeme wurden eingeführt, um Lehrern Zeit zu sparen und ihr Gesicht zu wahren. Die Anzahl an Rechtschreib- und Grammatikfehlern in handschriftlichen Berichten von Lehrern kann schockierend sein. Rektoren sind sicherlich erleichtert, dass sie Kollegen nicht länger mit einer Flasche Tippex und einer Liste sprachlicher Gewalttaten herumscheuchen müssen. Manche Lehrer sind erleichtert, dass sie durch Textbausteine Zeit sparen können, ohne dabei nachdenken zu müssen (wofür dieselben Lehrer ihre Schüler kritisieren würden), andere wiederum sind dankbar, dass sie nicht für jeden der zahlreichen von ihnen unterrichteten Schüler neue Kommentare formulieren müssen. Die abschließende Leistungsbewertung ist neu gestaltet worden, um die Bedürfnisse der Lehrer zu befriedigen. Persönliche Ansätze, individuelle Kommentare und unverfälschte Differenzierungen sind in der Umgestaltung nicht mehr vorhanden.

Die besten Berichte entstehen bei nachvollziehbaren Fertigstellungsterminen. Wenn es uns ernsthaft wichtig ist, dann muss Zeit eingeplant werden für Anmerkungen der Schüler, vereinbarte Ziele und fokussierte Gedanken des Lehrers. Das braucht Zeit und Mühen. Sicherlich mehr Mühen als „Sehr gut“, „Gut minus“, „Ausreichend“. Wir leisten uns selbst einen Bärendienst, indem wir Zeugnisse aushändigen, die von den Schülern und Eltern aus der computerorientierten „Lehrersprache“ übersetzt werden müssen. Als Fachleute reden wir viel vom Wert der Zusammenarbeit mit den Eltern, aber sobald wir eine echte Gelegenheit zur Kommunikation haben, schießen wir uns selbst ins Knie, indem wir ein System im Hinblick auf die Interessen der Institution und nicht der Familien gestalten.

Guter Tipp

Bitten Sie die Schüler, eigene, individuelle Klassenzeugnisse mit Belegen zur Untermauerung ihrer Stellungnahmen zu verfassen. Teilen Sie ihnen mit, dass Sie diese in Ihre Bewertungen einfließen lassen, wenn Sie derselben Meinung sind und die Stellungnahmen gut belegt sind. Jedes Zeugnis wird damit belegbar und mit Schülern besprochen sein; darüber hinaus wird Ihnen die Einbeziehung der Schüler Zeit sparen.

Persönliche Beurteilungsprofile

Persönliche Profile sind ein wichtiger Teil des Beurteilungsprozesses, sie bieten den Schülern eine Möglichkeit, ihre Erfahrungen und Erfolge eines Halbjahres rückblickend zu reflektieren. Sie werden hier angehalten, in drei Kategorien Belege für ihre besten Arbeitsbeispiele zu liefern und sich selbst Ziele für den zukünftigen Prozess zu stecken.

Diese Profile sollten am besten in den letzten Wochen des Halbjahres erstellt werden, der Lehrer sollte den entsprechenden Leistungsstand jedes Schülers zu diesem Zeitpunkt gut einschätzen können. Die Lehrereinstufungen kommen am Ende des Profilierungszeitraums als Vergleichsmöglichkeit zu den Schülereinstufungen zum Einsatz.

Wenn ein Schüler der Meinung ist, dass seine Einstufung zu schlecht ist, sollte er die Einstufungskriterien noch einmal genau betrachten, um die seiner Meinung nach korrekte Bewertung herauszufinden; die entsprechenden Kriterien sollten in jedem Unterrichtsraum ausgehängt sein, um großen Gruppen eine zeitgleiche Nutzung zu ermöglichen. Wenn der Schüler nach einem Vergleich mit den Aufzeichnungen des Lehrers der Meinung ist, dass er Belege für eine bessere Einstufung hat, sollte er das Zwiegespräch mit dem Lehrer suchen.

Der Lehrer sollte sich nicht davor scheuen, den Ausführungen des Schülers aufmerksam zuzuhören und bei Bedarf entweder die Einstufung zu ändern oder dem Schüler sorgfältig zu erklären, warum er die entsprechende Stufe noch nicht erreicht hat. Es ist wichtig, dass die Schüler nicht bei jeder Profilsitzung erwarten, die nächste Stufe zu erreichen. Die ausgehängten Kriterien müssen detailliert gestaltet sein, Stufen/Noten sollten wiederum in Untergruppen zur Veranschaulichung kleinerer Schritte unterteilt werden. Die Gewichtung muss auf den Schülern liegen, die ihre eigenen Stufen/Noten im Hinblick auf die Kriterien identifizieren, um anschließend entsprechende Belege dafür bereitzustellen. Schüler sind in der besten Position für rückblickende Überlegungen bezüglich des Lernens.

Übung

Persönliches Profil

Name: Gruppe:

Lehrer: Halbjahr:

Schreiben

Vorher war ich auf Stufe ☐ Mein Abschluss liegt bei ☐

Beschreibe deine beste *schriftliche Arbeit* in diesem Halbjahr:

....

....

....

Lesen

Vorher war ich auf Stufe ☐ Mein Abschluss liegt bei ☐

Beschreibe deine beste *Leseleistung* in diesem Halbjahr:

....

....

....

Mündliche Mitarbeit

Vorher war ich auf Stufe ☐ Mein Abschluss liegt bei ☐

Beschreibe deine beste *mündliche Leistung* in diesem Halbjahr:

....

....

....

▶▶

Mein größter Erfolg in diesem Halbjahr war:

....

....

....

Meine Ziele für das nächste Jahr sind:

1. ....
2. ....
3. ....

Bei folgenden Projekten habe ich dieses Jahr mitgemacht:

1. .... 4. ....
2. .... 5. ....
3. .... 6. ....

Mein *erfolgreichstes* Projekt war: ....

weil: ....

Mein *am wenigsten erfolgreiches* Projekt war: ....

weil: ....

Welche Fortschritte habe ich im Bereich *Schreiben* gemacht?

....

Welche Fortschritte habe ich im Bereich *Lesen* gemacht?

....

Welche Fortschritte habe ich im Bereich *mündliche Mitarbeit* gemacht?

....

Quelle: Abdruck mit freundlicher Genehmigung von Karen Brown 2009.

Zur Strategie

Sind Kreide und Konversation durch Bildschirm und Stillsitzen ersetzt worden?

Die Überflutung neu errichteter Schulen durch Informations- und Kommunikationstechnologien (ICT) bedingt in den Klassenzimmern häufig die Anordnung der Schülertische in Reihen sowie die Platzierung des Lehrertischs im vorderen Bereich. So jedenfalls planen Architekten beim Neubau von Schulen in großen Teilen Europas und der restlichen Welt die Größe der Klassenräume. Die Einführung interaktiver Whiteboards lässt manche Klassenräume allmählich kleinen Vortragsräumen ähneln. In vielen Klassenräumen herrscht König PowerPoint. Unterrichtsstunden werden unter Gebrauch dieser Software geplant und durchgeführt, obwohl das Entschlüsseln der Worte und Bilder auf einem Bildschirm auch nicht fesselnder ist als von Tafeln, Overheadprojektoren und Flipcharts. Wenn Sie die Kinder der 50er, 60er, 70er und 80er Jahre nach Übereinstimmungen in ihrer Schulzeit fragen, antworten diese häufig: „das Abschreiben von der Tafel." Fragen Sie Kinder, die in den letzten beiden Jahrzehnten eingeschult wurden, was die Lehrer gleichbleibend tun, wird es in der Antwort vermutlich um Powerpointpräsentationen gehen.

Sowohl Lehrer als auch Schüler sind gezwungen, zumindest den Großteil einer Stunde auf einen Bildschirm zu schauen. Beide werden zudem, aus unterschiedlichen Gründen, den Großteil des vorangegangenen Abends damit verbracht haben, auf einen Bildschirm zu schauen. Blickkontakt, und manchmal auch der persönliche Kontakt, geht verloren. Die beiden Jugendlichen mit Kapuze in der hintersten Ecke müssen sich kaum isolierter von der Gesellschaft fühlen, als sie es ohnehin schon tun. Das Gleichgewicht muss ins Zentrum rücken.

Differenzierung der Umgebung

Wenn Sie Schülern zur Wahl stellen, WIE sie sitzen, statt einfach nur wo sie sitzen, geschehen seltsame Dinge. Manche werden ihre Stühle sofort herumdrehen, andere sich auf den Boden setzen, sich hinlegen, sich räkeln oder sich in eine meditative Pose begeben. Manche werden im Raum auf- und abgehen, im Raum herumgehen oder einfach nur dasitzen. Wir gestalten die Anordnung in Unterrichtsräumen aus vielen verschiedenen Gründen, wie z. B. neuen Lerntheorien, unseren persönlichen Präferenzen als Lehrer, als Gruppierung nach Fähigkeiten, damit jeder die Tafel sehen kann oder gar um sicherzustellen, dass niemand fliehen kann! Wie oft beziehen wir die Präferenzen der Schüler in diese Entscheidungen ein? Wir verbringen einen großen Teil unserer Zeit damit, unsere Inhalte zu differenzieren und signifikant weniger damit, die Umgebung so anzupassen, dass sie den Bedürfnissen des Individuums eher gerecht wird. Ich meine damit nicht, dass wir allen unseren Schülern erlauben sollen, aus Jux und Dollerei auf dem Boden herumzuliegen, aber wenn der Raum so angeordnet ist, dass er jede persönliche Wahl ausschließt, dann ist unsere Ausdifferenzierung allein darauf beschränkt, wie wir unterrichten und deshalb begrenzt.

Beim Besuch einer neu gebauten Hochschule war ich beeindruckt von der Ausstattung, stellte aber fest, dass jeder Klassenraum in exakt derselben Weise angeordnet war: der Lehrertisch stand gegenüber der Tür, die Schülertische der Tafel zugewandt in Reihen. In Erwartung eines diktatorischen Rektors, der vermutlich eine Resolution verfasst hatte bezüglich der Art, in der Klassenräume gestaltet sein sollten, machte ich mich auf ein schwieriges Gespräch gefasst. Es stellte sich aber heraus, dass die Umgebung nicht aufgrund einer Unterrichtsphilosophie so beschränkt worden war, sondern weil den Architekten pro Schüler 1,5 Quadratmeter zugewiesen worden waren, und dies nun die einzige Möglichkeit war, die Tische im Raum aufzustellen.

Pomphafter Bildungsökonomie wird teilweise größere Bedeutung beigemessen als dem Lernen, was zu IT-Räumen in weiterführenden Schulen führt, in denen Schüler zusammengepfercht werden und ältere Schüler Schwierigkeiten haben, ihre Beine unter den Tisch zu quetschen, außerdem zu automatischen Temperaturreglern und Fenstern, die manuell nicht mehr geöffnet werden können, sowie zu Klassenzimmern, die in ihrer Anordnung keinen Platz für die Taschen der Schüler bieten, sodass die Schüler weniger Unterlagen mitbringen oder ihre Taschen ganz zu Hause lassen.

Was wir von viktorianischen Schulen lernen können

Viktorianische Klassen waren gar nicht so lehrergeleitet wie manche von uns glauben. Man stellt sich einen Lehrer vor, der vorne steht und Stoff für 40 oder mehr „leere Gefäße" liefert, die eifrig darauf warten, mit dem Wissen des Lehrers gefüllt zu werden. In Wirklichkeit aber war die Organisation des Lehrens und Lernens viel personalisierter und bildete den Anstoß für altersübergreifenden Unterricht sowie für Tutoriengruppen, wie wir sie heute vorfinden.

Der Lehrer gab häufig den älteren Schülern Instruktionen bezüglich der Stunde. Er übermittelte ihnen die wesentlichen Lernschwerpunkte, betonte die Schlüsselbegriffe und sandte sie mit kleinen Tafeln voller Ideen aus, kleine Gruppen jüngerer Schüler zu unterrichten. Das alles könnte in einer großen Halle mit in Halbkreisen um den „Schülerlehrer" sitzenden Schülern geschehen sein. Die älteren Schüler unterrichteten und der Lehrer ging zwischen den Gruppen umher, überwachte das Unterrichten und beurteilte das Lernen. Ältere Schüler übernahmen die Verantwortung für das Unterrichten, da bei diesen enormen Klassengrößen eine entsprechend individuelle Aufmerksamkeit des Lehrers unrealistisch war.

Die Dinge liegen heute nicht viel anders. Die Klassengrößen sind immer noch überdimensioniert und Lehrer mühen sich immer noch ab, den einzelnen Schülern genug Aufmerksamkeit zu schenken. Aber Schüler zu bitten, das Unterrichten zu übernehmen und den Schülern Verantwortung für die Beurteilung der Leistungen anderer zu übergeben, ist als Pädgogik der 60er Jahre verspottet, erfunden von drogenbenebelten, „gefährlich kindzentrierten" Pädagogen. Tatsächlich aber ist das Unterrichten durch Schüler eher pragmatisch denn politisch. Es beinhaltet einen effizienten und vernünftigen Einsatz von Ressourcen, ermöglicht mehr individuelle Aufmerksamkeit und zerstreut den Mythos vom Lehrer, der als Einziger fähig ist zu unterrichten.

Praktische Strategien für positive Differenzierung

- » Reden Sie weniger, geben Sie weniger Ratschläge, lassen Sie die Schüler mehr tun.
- » Setzen Sie lehrerzentrierte Aktivitäten bei bestimmten Aufgaben ein, wie z. B. der Einführung von wichtigen Konzepten, Schlüsselbegriffen und -sätzen und der Lernzielsetzung.
- » Machen Sie es sich zum Ziel, Schüler durch Tätigkeiten zu begeistern, indem Sie herausfinden, was ihnen Spaß macht und worauf sie am besten anspringen.
- » Vereinbaren Sie klare, einfache Anforderungsprofile, überprüfen Sie das Verständnis und setzen/vereinbaren Sie klare Zeitvorgaben für jeden Arbeitsschritt.
- » Stellen Sie sicher, dass die Schüler sich zu geforderten Zielen und Ergebnissen bekennen, dass diese erreichbar sind und für die Weiterentwicklung des Schülers geeignet.
- » Bewerten Sie das Erreichen von Zwischenstufen, die Fertigstellung einer Aufgabe, die Leistung und das Verhalten.
- » Stellen Sie entwicklungsgemäßes Material für Schüler bereit, die früh fertig sind.
- » Bitten Sie die Schüler um Rückmeldung bezüglich Ihres Unterrichts. Auf welche Fragen würden Sie gerne Antworten hören?
- » Seien Sie eher die Schnittstelle, die das Lernen verbindet, denn der Ringrichter, der die Klasse kontrolliert.
- » Suchen Sie nach Gelegenheiten für die Schüler, Kontrolle über die Aufgaben, das Ziel, die Kriterien, die Umgebung, Deadlines und die Organisation zu übernehmen.

Aus der Praxis

Auswendiglernen in Pakistan

Ich hatte zugesagt, Peshawar im Nordwesten Pakistans zu besuchen, bevor ich einen Blick auf die Karte warf. Ich hatte zugesagt, bevor ich wusste, dass einige Jahre zuvor sämtliche Bildungsberater Großbritanniens abgezogen worden waren. Ich hatte zugesagt, bevor ich erfuhr, dass mein Hotel ein Jahr zuvor Ziel eines Bombenanschlags gewesen war und jetzt von der CIA und diversen dubiosen „Geschäftsleuten" bewohnt wurde. Geschmeichelt, töricht und aufgeregt landete ich in Pakistan, um Schulen zu besuchen, Lehrer zu treffen und an jeder mir möglichen Stelle Hilfe und Unterstützung anzubieten.

Ich hatte gehört, das Lernen sei auf Auswendiglernen beschränkt und erwartete Unterrichtsstunden gespickt mit Gesang, Wiederholungen und Erinnerungsspielen. Was ich vorfand, war eine viel grundlegendere Art des Auswendiglernens, als wir sie einsetzen. Der Lehrer stand vor der Klasse an einem Rednerpult, schlug ein Buch auf und begann zu unterrichten: „Paris ist die Hauptstadt von Frankreich, dem größten Land Westeuropas", woraufhin die Kinder antworteten: „Paris ist die Hauptstadt von Frankreich, dem größten Land Westeuropas"; „Paris hat über 2 Millionen Einwohner und bildet das Zentrum der Region Paris mit 11 Millionen Einwohnern", „Paris hat über ..." – so ging es 40 Minuten lang weiter, bis es läutete und der Naturwissenschaftslehrer hereinkam, ein Buch auf das Rednerpult legte und mit demselben repetitiven Ritual begann, indem er jede Zeile einzeln vorlas, welche die Schüler anschließend wiederholten.

▶▶

Jetzt könnte man erwarten, dass diese Art des Unterrichtens zu spärlichen Ergebnissen führt. Aber die Schüler waren so konditioniert, so geübt im auditiven Auswendiglernen (sowohl durch die Schule als auch durch das Lernen des Korans in der Moschee), dass sie den Stoff hervorragend verarbeiten und behalten konnten. Sie erwarben vielleicht nicht alle von potenziellen Arbeitgebern geforderten sozialen Kompetenzen und Lernfähigkeiten, im Hinblick auf Prüfungsleistungen aber hatte diese Schule weltweit die beste Quote. Natürlich ist diese Bildung selektiv, eher durch Geld, denn durch Fähigkeiten, aber nichtsdestotrotz selektiv und es gibt immer noch Millionen von Kindern in Pakistan, die keinen Zugang zu Schulbildung haben. Dennoch ist der Erfolg unbestritten, erzielt durch eine Pädagogik, die bei den meisten Menschen in Vergessenheit geraten ist.
Die individuellen Lernfähigkeiten der Schüler waren weit entwickelt, ohne dass sie ihnen beigebracht worden waren. Der Lehrer hatte kein Interesse an einer Differenzierung, aber Lernen fand eindeutig statt. Die Vermittlung war mechanisch, unausgebildet und nicht gerade aufregend, trotzdem war es den Schülern möglich, Prüfungen mit der Bestnote abzuschließen. Dies ist kein Argument dafür, Schülern das Nachplappern von Informationen beizubringen, beinhaltet aber die Erkenntnis, dass dem Auswendiglernen immer noch Bedeutung zukommt. Für manche Bereiche des Lernens ist die Fähigkeit extrem nützlich, etwas ohne Argumentation abrufen zu können. Wir erweisen Schülern, die außerhalb der Schule das Auswendiglernen praktizieren, einen Bärendienst, wenn wir so tun, als würden diese Fähigkeiten in der Schule nicht anerkannt werden. ◀

Geeignete Vorgehensweisen für die Primarstufe und die Sekundarstufen

Primarstufe

Mind-Mapping

Vermitteln Sie den Schülern Mind-Mapping-Kompetenzen, z. B. mithilfe von Fragekarten, Karten für spezifische Probleme, Karten für Kernfragen, großen Karten auf großen Papierbögen, zu denen jeder einen Beitrag leistet, Karten mit Leitlinien für andere Schüler, Karten mit Symbolen und Bildern, kleinen Kärtchen für Gedanken zu Antworten auf die Frage eines Lehrers.

Lebensläufe

Bitten Sie Schüler, die neu in Ihre Klasse, Ihre Tutorengruppe oder Ihren Kurs kommen, einen persönlichen Lebenslauf mit einer Auflistung ihrer Leistungen bis zum aktuellen Datum zu gestalten. Sie können dabei auch Fotografien, Arbeitsbeispiele, Listen über Erfolge, Zertifikate etc. anbringen. Setzen Sie diese bei turnusmäßigen Arbeitsbesprechungen im Sinne eines Sammelalbums ein, um Ideen, Ziele, Gedanken und Erinnerungen zu verfolgen. Die Schüler haben Spaß an deren Gestaltung sowie an der anschließenden Reflexion. Außerdem bieten sie die hervorragende Gelegenheit, die Schüler am Abschlusstag mit Fotografien zu überraschen, auf denen sie noch jünger sind. Beim Übertritt an die weiterführende Schule können diese Lebensläufe dem neuen Ansprechpartner einen guten Überblick über die persönlichen und akademischen Interessen und Leistungen des Einzelnen bieten.

Sekundarstufe I

Differenzierung

Die Differenzierung in Arbeits- und Lehrplänen ist eine undankbare Aufgabe, die zudem eine Menge Zeit kostet. Die folgende, schnelle Abkürzungsmethode kann helfen, Zeit zu sparen, Kontrollorgane zu beeindrucken und sich selbst die vielfältigen, bereits bestehenden Gelegenheiten zur Differenzierung aufzuzeigen.

Die folgende Legende kann im Stundenüberblick zur Anzeige möglicher Differenzierungen eingesetzt werden:

DDG	Differenzierung durch Gruppen (z. B. Aufteilung der Klasse in Gruppen nach Kompetenzniveau).
DDR	Differenzierung durch Rollen (z. B. Zuteilung von Rollen/Verantwortlichkeiten an Schüler innerhalb einer Gruppe entsprechend ihren Fähigkeiten).
DDA	Differenzierung durch Aufgaben (z. B. Zuteilung einer Aufgabe an Schüler entsprechend ihren Fähigkeiten).
DDE	Differenzierung durch Ergebnisse (z. B. Zuteilung eines ihren Fähigkeiten entsprechenden Aufgabenzieles an die Schüler, z. B. alle Schüler werden ..., die meisten Schüler werden ... und manche Schüler werden ...).
DDL	Differenzierung durch Lehrerintervention (z. B. Anleitung für Schüler mit einem größeren Bedarf an Unterstützung durch den Lehrer). Dies wird nicht bei jeder Durchführung erwähnt.
DDFR	Differenzierung durch Fragestellungen (z. B. suggestivere, komplexere Fragen des Lehrers an Schüler mit größeren Fähigkeiten).
DDH	Differenzierung durch Hilfsmittel (z. B. Bereitstellung von zusätzlichen Materialien zur Förderung der Schüler mit höherem und zur Unterstützung der Schüler mit niedrigerem Kompetenzniveau).
DDFO	Differenzierung durch Fortsetzung (z. B. Heranführen von Schülern an geeignete Erweiterungsmaterialien und Medien. Die anschließende Benotung hat zum Ziel, zum nächsten Level aufzusteigen).
DDM	Differenzierung durch Medien (z. B. Anwendung sowie Anleitung zum Gebrauch verschiedener Medien für die Durchführung einer Tätigkeit durch den Lehrer).

Sekundarstufe II

Icons

Setzen Sie bei der Kodierung Ihrer Lehrpläne Bildzeichen zur Identifikation der von Ihnen bei der Erprobung und Einbettung des Lernens verwendeten Lehrstrategien ein:

Lernen verbinden 

Lernen aktivieren 

Lernen demonstrieren 

Lernen festigen 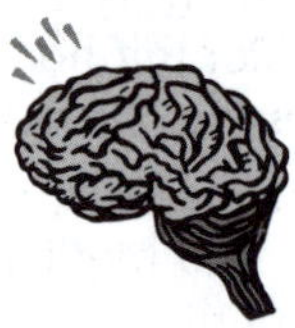

Dieser Vier-Ebenen-Zyklus aus dem Bereich des Accelerated Learning eignet sich für die Planung einer Stunde mit Gelegenheiten zum Classroom-Assessment. Sie können Lernen verbinden mit dem Wissen und den Erfahrungen der Schüler, Lernen aktivieren durch Selbsteinschätzung und Peer-Assessment, Lernen demonstrieren durch die Bereitstellung eines eindeutigen Modells für Dekonstruktion und Lernen festigen durch schülergeleitetes Unterrichten. Die Icons sollten Teil der ausgestellten Präsentation sein, um Schüler bei Bedarf auf den Teil des Zyklus zurückverweisen zu können, an dem sie noch arbeiten müssen.

Sie könnten zudem Icons für andere Komponenten einsetzen, z. B.:

Kernkompetenzen/Schlüsselbegriffe

Lernkompetenzen

Beziehen Sie sich auf Lernkompetenzen, deren Ausführung Sie beobachten wollen; eine beobachtbare und bewertbare Kompetenz beinhaltet z. B. die Aussage: „Schüler werden verstehen, wie man in Teams arbeitet, und ihre Fähigkeiten in der Übernahme verschiedener Rollen innerhalb eines Teams werden erkennbar und bewertbar werden.“

Guter Tipp

Ausprobieren, ausprobieren, ausprobieren! Da Individuen unterschiedlich lernen und Informationen unterschiedlich verarbeiten, unterscheiden sich auch die Gruppen in ihrer Vorgehensweise und ihrem Lernen. Sie können viel Zeit und Energie auf die Analyse neuer Herangehensweisen an das Lernen verwenden und versuchen, auszurechnen, welche Methode die gewünschten Ergebnisse bringen wird – Sie können aber auch einfach anfangen, auszuprobieren: Ihre Strategien ausprobieren, neue Ideen erproben, die Antworten, das Engagement und die Leistung messen. Fragen Sie die Schüler, was ihnen lieber ist und geben Sie ihnen die Gelegenheit zu einem Feedback ohne Angst vor Strafe.

Lernstile, Mythen und die Interpretation von Mythen

„Ich bin der kinästhetische Lerntyp, leg Stift und Papier weg und verschwinde!"

Die Schwierigkeit von Lernstiltheorien besteht in der Umkehrung der Theorien ins Absolute, sobald sie von eifrigen Lehrern uminterpretiert und von wohlgesinnten Beratern bearbeitet werden: „Ich bin ein visueller Lerntyp und kann mich während des Lernens nicht bewegen." Tatsächlich haben wir alle unsere persönlichen Präferenzen bezüglich der Art, auf die wir lernen, aber sie sind nicht konstant. Sie verändern sich in Abhängigkeit vieler Variablen wie Inhalt, Gefühle, Beziehungen, Wetter, Selbstachtung, Alter.

Viele Schüler (und Erwachsene) werden Ihnen erzählen, dass sie „getestet wurden" und der visuelle Lerntyp sind. Schüler werden angeregt, diese Information zu nutzen und Sie anzuleiten, welcher Unterrichtsstil ihren Bedürfnissen gerecht wird. Sie verwenden die Information selten, um über die Verbesserung anderer Lernbereiche nachzudenken.

Ich weiß, dass wir versuchen, traditionelle Lehrer vom didaktischen Lehren und Vortragen abzubringen, aber eine ganzheitliche Erziehung ist unerreichbar, wenn man ausschließlich einen Lernstil oder eine Präferenz anspricht. Wir müssen Schüler bei der Erforschung der Arten, auf die sie Informationen speichern, unterstützen ohne davon auszugehen, die Lernpräferenzen seien festgelegt. Eine ehrlichere Herangehensweise wäre es, Lernstile nicht als wissenschaftlich und bewiesen anzusehen, sondern als nützliche Rahmen zur Erprobung und Erforschung.

Übung

Lerngespräche entwickeln

Ordnen Sie die folgenden Stichworte nach Relevanz. Zuoberst auf der Liste soll die Vorgehensweise stehen, die ein hohes Maß an Beteiligung des Schülers fördert, zuunterst die Vorgehensweise, die das geringste Maß an Beteiligung des Schülers unterstützt.

- Ratschläge geben
- Zuhören
- Erklären
- Üben
- Managen
- Feedback geben
- Loben
- Führen
- Instruieren
- Zusammenfassen und reflektieren
- Fragen stellen
- Analysieren
- Evaluieren

▶▶

Ratschläge geben	Betreuen
„Sag mir genau, was du gemacht hast."	„Vielleicht hilft es, wenn du noch ein bisschen mehr darüber sprichst?"
„Nein, die Antwort, die du suchst, ist sechs."	„Kannst du mir vielleicht erzählen, wie du zu der Antwort gekommen bist?"
„Du musst dich mir gegenüber mehr öffnen."	„Ich merke, dass du dich nicht immer wohl dabei fühlst, Dinge mit mir zu diskutieren, und ich frage mich, woran das liegt."
„Wenn du bessere Noten haben willst, solltest du mehr arbeiten."	„Was möchtest du an deiner Arbeit verbessern?"
„Besuch mal eines der Schülerforen im Internet, die sind wirklich hilfreich."	„Was könntest du tun, um deine Noten zu verbessern?"
„Du zögerst immer noch, du musst einfach loslegen."	„Was hält dich davon ab, aktiv zu werden?"

Vorteile der nicht-direktiven Gesprächsführung

» Man hört dem Schüler wirklich zu und er bringt dem Versuch, ihn zu verstehen, Wertschätzung entgegen.

» Die Beziehung basiert auf Gleichheit, motivierender Offenheit und Vertrauen. Der Lehrer behauptet nicht, alle Antworten zu haben, und der Schüler spürt, dass seine Mitarbeit lohnenswert ist.

» Erkenntnisse, Perspektiven und Handlungen gehen vom Schüler aus, auch die Verantwortung für das Handeln und die Ergebnisse liegt beim Schüler.

» Lösungen werden im Hinblick auf die Bedürfnisse des Einzelnen entwickelt.

» Wenn eine Idee nicht zum vom Schüler gewünschten Ergebnis führt, kann der Schüler sich immer noch zur Idee bekennen und wird somit eher willens sein, sich ein besseres Resultat zu erarbeiten.

Denkanstöße

» Wie können Sie die ausgehandelten Beurteilungsprozesse im Hinblick auf eine vollständige Differenzierung weiterentwickeln?

» Wann haben Sie Zeit, die Sie in den Aufbau von Prozessen zum persönlichen Profil und Selbsteinschätzungen investieren können, die Ihnen gegen Mitte des Schuljahres Zeit und Mühen sparen?

» Wie können Sie Rückmeldungen so gestalten, dass sie für Eltern und Schüler gleichermaßen sinnvoll sind?

Zusammenfassung

Personalisierung und Differenzierung der Leistungsbeurteilung im Hinblick auf die Bedürfnisse Ihrer Schüler bedeutet nicht, die Bausteine Ihrer Arbeit neu erfinden zu müssen. Wenn Sie dem Schüler bei zusammenfassenden Aufzeichnungen und weiterführenden Stellungnahmen eine Rolle zusprechen, stärkt das auch seine Kontrolle über seine Einschätzung. Bei der Differenzierung geht es nicht darum, das Niveau Ihres Curriculums herunterzuschrauben, sondern um die Förderung hoher Erwartungen unter Gewichtung des individuellen Folgeschrittlernens.

Auf einen Blick

- Wahrhaft personalisiertes Lernen kann nicht allein in der Verantwortung des Erwachsenen liegen.
- Der Gebrauch von Standardaussagen zur Gestaltung von Abschlussberichten widerspricht vollkommen den Versuchen, den Beurteilungsprozess zu personalisieren und zu individualisieren.
- Persönliche Profile sind ein wichtiger Teil des Beurteilungsprozesses, sie bieten den Schülern die Möglichkeit, die Erfahrungen und Erfolge eines Halbjahres rückblickend zu reflektieren.
- Wir verbringen einen großen Teil unserer Zeit damit, unsere Inhalte zu differenzieren und signifikant weniger damit, die Umgebung so anzupassen, dass sie den Bedürfnissen des Individuums besser gerecht wird.
- Tatsächlich ist das Unterrichten durch Schüler eher pragmatisch denn politisch. Es beinhaltet einen effizienten und vernünftigen Einsatz von Ressourcen, ermöglicht mehr individuelle Aufmerksamkeit und zerstreut den Mythos vom Lehrer, der als Einziger fähig ist zu unterrichten.
- Schüler, die große Kompetenzen im Bereich des Auswendiglernens haben, können angeregt werden, diese in der Klasse einzusetzen.

Websites

Mind-Mapping: www.mind-mapping.de; http://www.mindmap.de

Wo stehen wir?

Der Assessment-Baum

Die Früchte des Baumes repräsentieren das unabhängige Wachstum des Schülers. Die Bildung hat die Aufgabe, den Schülern den Eintritt in die Arbeitswelt zu ebnen. Wenn wir Schülern helfen, unabhängiges Lernen zu lernen, kann ihnen der Übergang gelingen mit dem Vertrauen, eigenständig weiterlernen zu können. Die von ihnen anerkannten und zur Reflexion und Verbesserung eingesetzten Prozesse ermöglichen Schülern, den Bildungsbereich hinter sich zu lassen – bereit, Herausforderungen, Misserfolgen und Erfolgen mit Zuversicht zu begegnen.

Zusammenfassung

Schulen und Hochschulen sind keine perfekten Bildungsmodelle. Schüler, die innerhalb einer Institution, die zwangsläufig Konformität und auch Uniformität fordert, mit dem Lernen eines festen Lehrplans beschäftigt sind, bekommen scheinbar keinen Raum für ein personalisiertes und selbstständiges Lernen, zu dem sie sich bekennen können. Auf Klassenebene kann die Notwendigkeit, den Ansprüchen derer gerecht zu werden, die beständig die Lehrpläne frei interpretieren, gegen die nach unserem Wissen besten Vorgehensweisen abgewogen werden.

Es braucht keine Revolution, um Bildung zu dem zu machen, was wir haben wollen – aber es braucht eine Verfeinerung dessen, was wir schon tun, einen Feinschliff bewährter Vorgehensweisen und Kreativität, um den Forderungen jener zu begegnen, für die Sie Verantwortung tragen, während Sie Schüler dabei fördern, Verantwortung für ihr Lernen zu übernehmen.

Index

Accelerated Learning 39, 127
Assessment
– Classroom-Assessment 1 f., 7, 15, 17, 25, 75, 87, 91, 107, 113, 115 f., 127
– Differenzierung von Assessment 115–131
– formatives Assessment 25, 50
– Peer-Assessment 2, 5 f., 52, 54, 59–73, 94, 108, 112, 127
– Personalisierung von Assessment 115–131
– physische Umgebung für Assessment 9–12
– Vereinbarte Assessmentraster (VAR) 90–103
Auswendiglernen 14, 48, 123 f., 130
Bandura, Albert 49, 57, 78, 88
Baum, Frank 1
Benotung 63, 95, 112, 126
Beurteilungskriterien
– computergenerierte 117 f.
Beobachtungsbogen 23 f.
Bewusste Inkompetenz 42 f.
Bewusste Kompetenz 42 f.
Bewusste unbewusste Kompetenz 42 f.
Beziehungen
– zwischen Lehrer und Schüler 2, 13 f., 107
Black, Paul 25, 36
Britton, James 38 f., 57, 92, 103
Brown, Gordon 22
Brown, Karen V, 83–85, 120
Bush, George W. 74
Covey, Stephen
– Zeitmanagement-Quadranten 21 f.
Davidson, Richard 48, 58
de Bono, Edward
– farbige Denkhüte 26 f., 57
Deadlines 18–22, 32, 35, 110, 123
Digitale Fotorahmen 10
Elliott, Jane 78, 88
Eltern
– Beteiligung der 7, 52, 80, 86, 118
Emotionales Umfeld 2
Erfolgskriterien 10, 32, 35, 39, 54, 61, 63, 91, 95, 102, 109
Erwartungen 3, 6, 19, 33, 35, 38, 41, 45, 48, 60–62, 68, 72, 75, 78–81, 87 f., 91 f., 101, 106–109, 113, 180
Feedback
– benoten 82
– der Schüler für den Lehrer 22 f., 35
– Drei zu Eins 6 f., 61
– Methoden 12, 100 f.
– und Peer-Assessment 63–65, 68
Fragen
– anregen der Schüler zu Risikobereitschaft durch 8 f.
– anregen von Selbstreflexion durch 31
funktionelle Magnetresonanztomographie (fMRT) 48
Gardner, Howard
– Intrapersonale Intelligenz 25, 36 f.
– Multiple Intelligenzen 51, 57
Gedächtnis 26, 40, 46, 48, 56, 83, 88
Gedankenetiketten 54
Gehirn 46–48, 52, 54 f., 76
Gehirnhüte 47, 52
Glasser, William 8, 56
Gruppenarbeit 33, 63, 104, 110, 113, 116
Handys 33, 44 f., 57, 86
Hausaufgaben 19 f., 22 f., 33, 35, 49, 62, 72, 75, 95

Hendrix, Jimi 59
Himmel und Hölle 68–70
Holt, John 17, 29, 37
Icons 12, 126 f.
Informations- und Kommunikationstechnologie 121
Intelligenzen
– intrapersonale 25
– multiple 51, 54 f.
– systemische 55
Internet 3, 22, 25, 33, 44, 129
Jencks, Christopher 79, 88
Jordan, Michael 6
Jung, Carl 104
Klassenklima 1–15
Komplexe Wertungssysteme 67
Lebenslauf 125
Lehrer
– als Lernender 4 f.
– als Vorbild 4 f., 8, 15, 19, 61 f., 108
– und Erwartungen 3, 19, 33, 61 f., 68, 72, 78–83, 87, 92, 101, 106, 108 f., 113
– und selbstbestimmte Schüler 16 ff., 58, 94
– und Zielsetzung VI, 5, 14, 74–89, 90 f., 96, 102, 123
Lehrerbewertung 22 f., 35
Leistungsbeurteilung
– aktiv, in der Klasse 104–114
– Differenzierung und Personalisierung der 115–131
– mithilfe von Symbolen und Punktzahlen 67
– selbstbestimmt durch Schüler 16–37
– und Metakognition 38–58
– und Risiko 2, 7–9, 15, 20, 22, 113
– und Zielsetzung 74–89, 90 f., 96 f., 123
Lernen
– nicht quantifizierbar 30
Lernfähigkeiten 48 f., 124
Lernlandkarten, Lernreiseschaubilder 5, 10
Lernstile 51, 54, 128
Lernstilfragebögen 46, 57
Lernzielgespräche 80, 87
Lewis, Clayton 50, 58
Mantras, tägliche 31
Margolis, Howard/McCabe, Patrick 49, 58
Mathematik 100
Metakognition/metakognitive Fähigkeiten 28, 38–58, 96
Metakognitive Propeller 54
Mind-Map/Mind-Mapping 10, 32, 46, 84, 125, 130
Misserfolg 4 f., 7, 15, 25, 49, 78, 92, 131
Musik 27, 48
Muslimische Kultur 66 f.
Naikan-Methode 26, 36 f.
Orwell, George 115
Paraphrasieren 65
Persönliche Beurteilungsprofile 118–120
Positive Bestärkung 6, 106, 109, 112
PowerPoint 9, 30, 121
Präsentationen 9–11, 14, 18, 32, 44, 63 f., 67, 121, 127
Primarbereich I
– Das Klassenklima 12
– Differenzierung/Personalisierung von Assessment 110, 125
– Metakognitives Denken 52–54
– Selbstbestimmtes Lernen 18, 31 f.
– Peer-Assessment 5, 67
– Vorgehensweisen für den 12, 31 f., 52–54, 67, 83 f., 110, 125
– Ziele/Zielsetzungen 83 f.
QCDA 96–98, 102
Reiki 31
Risikobereitschaft 7–9, 13, 15
Rituale 6, 16, 25, 30, 40 f., 52, 62
Rose, J. 40, 58
Rosenthal, Robert/Jacobsen, Lenore 78, 88
Routinen 10, 13, 106 f., 113
Schnurknäuel 110
Schulbehörde/Schulaufsichtsbehörde IV, 39, 60, 72, 93, 96
Sekundarbereich I
– Das Klassenklima 12 f.

– Differenzierung/Personalisierung von Assessment 125 f.
– Metakognitives Denken 54 f.
– Peer-Assessment 67–70
– Selbstbestimmtes Lernen 32 f.
– Vorgehensweisen für den 12 f., 32 f., 54 f., 67–70, 84–86, 110, 125 f.
– Ziele/Zielsetzungen 84–86
Sekundarbereich II
– Das Klassenklima 13
– Differenzierung/Personalisierung von Assessment 126 f.
– Metakognitives Denken 55
– Peer-Assessment 70
– Selbstbestimmtes Lernen 33
– Vorgehensweisen für den 13, 33, 55, 70, 86, 111, 126 f.
– Ziele/Zielsetzungen 86
Selbstbestimmtes Lernen/Selbstbestimmung 16–22, 28, 31–37, 96
Selbsteinschätzung 5, 10, 14, 22, 25, 91, 94–98, 127, 129
Selbstreflexion 16, 25–27, 31, 35 f., 52, 54 f., 94 f., 98
Selbstvertrauen 49
Self-fullfilling Prophecy 79
Sitzordnung 12
SMART 77 f., 88
Sondereinsatzkarten 84
Sprache
– der Kinder 63, 78, 80, 92, 102
– Erprobung neuer Ausdrucksweisen und linguistischer Strukturen 99
Sprechvorlagen 99–101
TASC-Modell 51
Think-aloud-Protokoll 50
Thinkenstein-Projekt 51
Unbewusste Inkompetenz 42 f.
Unbewusste Kompetenz 42 f.
Verantwortung übergeben an die Schüler 13 f., 17–37, 40, 50, 72, 74–76, 90, 92, 94, 101 f., 105, 107 f., 110, 122, 129
Viktorianische Schulen 122
Vierzeilen-Spiel 71
Vygotsky, Lev 39, 99, 103
Wallace, Belle 51
Wragg, Ted 90
Zeitmanagement: Kompetenzen 20–22, 32
Zeitmanagement-Quadranten 21
Ziele/Zielsetzung 74–89
Zuhören 18, 64 f., 99, 116, 119, 128